Dick Marty

Furchtlose Wahrheiten

Dick Marty

Furchtlose Wahrheiten

Betrachtungen eines Staatsanwalts unter Personenschutz

Aus dem Italienischen
von Stefano di Lorenzo

Rotpunktverlag

Der Rotpunktverlag wird vom Bundesamt für Kultur mit einem Strukturbeitrag für die Jahre 2021 bis 2025 unterstützt.

Die Originalausgabe ist 2023 unter dem Titel »Verità irriverenti. Riflessioni di un magistrato sotto scorta« bei Edizione Casagrande in Bellinzona erschienen.

Umschlagbild: Andrea Ventura

Lektorat: Andreas Simmen

Korrektorat: Jürg Fischer

Gestaltung: Patrizia Grab

Druck und Bindung: Friedrich Pustet, Regensburg

ISBN 978-3-03973-049-0
1. Auflage 2024

Dieser Titel ist auch als E-Book erhältlich.

Inhalt

Das Sandkorn

»Was ist ein Rebell?
Ein Mann, der Nein sagt.«
Albert Camus

Warum schreibe ich wieder ein Buch, wo ich doch nie gerne über mich selbst gesprochen habe?

2009, zwei Jahre nach dem enormen Wirbel um den Bericht über die geheimen CIA-Gefängnisse, nötigte mich (der Begriff ist nur leicht übertrieben) der Lausanner Verlag Favre, ein Buch zu schreiben. Ich führte ins Feld, dass jeder das tun müsse, wozu er sich in der Lage fühle, und Schreiben liege mir nicht besonders. Später hatte ich gesundheitliche Probleme: eine vorübergehende allgemeine Amnesie (ausgerechnet an dem Tag, an dem ich die Volksinitiative für Konzernverantwortung vor einer parlamentarischen Kommission verfechten sollte) und fast gleichzeitig zwei orthopädische Operationen, die mich zum ersten Mal nach einem halben Jahrhundert aktiven Lebens dazu zwangen, fast vier Monate lang unbeweglich zu Hause zu bleiben. Und ich entdeckte, dass mir das Schreiben guttat, dass es mir erlaubte, über das Erlebte nachzudenken, auch über die Gründe für bestimmte Entscheidungen. Eines späten Abends kam mir der Verleger Favre in den Sinn, und ohne groß darüber nachzudenken, mailte ich ihm die Datei mit dem, was ich geschrieben hatte. Die Antwort kam sehr schnell: Ja, wir veröffentlichen! Ich bedauerte es fast, ich hätte am liebsten alles abgebrochen, aber es war zu spät. Ich hatte auf Französisch geschrieben, weil ich nach dem, was mir passiert war, etwas Schwieriges tun musste, um mich selbst zu testen, und Französisch als Schriftsprache ist verdammt schwer (in welcher anderen Sprache gibt es Diktatmeisterschaften, bei denen niemand jemals null Fehler macht?), aber es ist auch eine Sprache, die ich sehr mag. So entstand *Une certaine idée de la justice* (Eine bestimmte Vorstellung von Gerechtigkeit), das später auch auf Italienisch erschien.

Und nun wieder ein neues Buch: ein Zeichen, dass mir ein weiteres Unglück widerfahren ist? Besser gesagt zwei. Und wenn das erste vorhersehbar war, so nicht das zweite: Es war ein Kampf, der nicht gewonnen werden konnte, es sei denn durch ein Wunder. Schreiben als Selbsttherapie, anstatt Prozac zu nehmen; schreiben für sich selbst, ohne in erster Linie an die Leserschaft zu denken (und ich entschuldige mich dafür). Mir ist klar, dass ich in all meinen Funktionen Wege eingeschlagen habe, die nicht immer den von der Allgemeinheit vorgespurten Gleisen folgten. Als Kind war ich für meine Geschwister eine Nervensäge (und für meine Eltern ein Grund zur Sorge). So war ich im Lauf der Jahre für viele andere bestenfalls das Sandkorn, das so lästig sein kann. Nicht aus Spass, sondern um kohärent zu bleiben – der Preis dafür war oft hoch.

Wenn ich heute schreibe, dann deshalb, weil ich glaube, dass die Affäre, die an einem Adventssonntag begann, über mich hinausgeht, weil sie sehr beunruhigende Fragen über das Funktionieren unserer Institutionen aufwirft. Es ist eine Überlegung, die mich auch dazu veranlasst hat, auf den Weg zurückzublicken, den ich zurückgelegt habe, und über die heutigen Probleme nachzudenken, von der Demokratie über die Neutralität bis hin zur Gerechtigkeit. Ein dornenvoller, unberechenbarer Weg, so wie es dieser letzte Lebensabschnitt für mich war. Ich hatte es mir so anders vorgestellt.

Dick Marty

6. September 2023, Geburtstag von Gabriela, ohne die ich nie in der Lage gewesen wäre, diese lange Reise anzutreten und deren schwierigste Passagen zu meistern.

I Ein Fluss und seine Windungen

»Wie ein langer Fluss ist das Leben nur dann faszinierend, wenn es sich windet«, sagte Chen Zi'ang, ein chinesischer Dichter aus dem 7. Jahrhundert. Nach allem, was geschehen ist, sage ich mir, dass mein Leben selten einem langen, ruhigen Fluss geglichen hat, der durch angenehme Landschaften floss. Um in der Metapher zu bleiben, erinnert der Anfang eher an Tröpfchen, die sich abmühen, ein Rinnsal zu bilden, das sich hartnäckig seinen Weg in feindlicher Umgebung sucht. Eine liebe Freundin meiner Mutter, die für mich die Großmutter war, die ich nie gekannt habe, pflegte mir zu sagen: »Denk daran, dass deine Mutter dich zweimal geboren hat.« Gleich nach meiner Geburt und in den ersten zwei Jahren meines Lebens bereitete ich meinen Eltern viel Kummer, ich schien fast ununterbrochen zu schreien (wie gesagt, meine beiden älteren Brüder ließen keine Gelegenheit aus, mich daran zu erinnern, was für eine Nervensäge ich gewesen sei). Dann teilte der einzige Augenarzt in der Region, offenbar mit dem Taktgefühl einer

Planierraupe ausgestattet, meiner Mutter mit, dass »dieses Kind niemals sehen wird«. Er irrte sich – und vor allem unterschätzte er meine Mutter.

Wenn ich diese Episode erzähle, dann nicht aus Selbstmitleid. Natürlich wurde damals jeder, der eine Brille trug, dazu eine so hässliche mit sehr dicken Gläsern, systematisch verspottet. Aber ich kann mich nicht daran erinnern, dass ich damals gelitten hätte. Ich bin in einer protestantischen (aber keineswegs bigotten) Familie aufgewachsen. In der Primarschule musste ich zusammen mit einem jüdischen Kameraden das Klassenzimmer unter den spöttischen bis ungläubigen Blicken der anderen verlassen, wenn der Priester seinen Religionsunterricht begann. Aber auch daran habe ich keine besonders unangenehmen Erinnerungen. Ich glaube immer noch, dass ich dank solcher Erlebnisse die Existenz von Vielfalt und die Notwendigkeit, sie zu verstehen und zu respektieren, gelernt habe, und – auch dank des Beispiels meiner Eltern – den Wert des Durchhaltens, des Nicht-Aufgebens, der Bereitschaft, allein zu stehen, wenn man glaubt, im Recht zu sein, des Vertrauens darauf, dass, wo nicht alles, so doch vieles möglich ist.

Ich denke mit Zärtlichkeit an meine Mutter, die behutsam versuchte, mir einen Beruf schmackhaft zu machen, der es mir ermöglichte, im Grünen zu arbeiten, um meine Augen zu schonen. Indessen las ich, nicht ohne Anstrengung, heimlich die vielen Bücher, die im Haus herumstanden und -lagen, mit einer Taschenlampe unter meiner Bettdecke. Die Pfadfinderei, die Bücher und das Radio (es gab keinen Fernseher im Haus) waren die wichtigsten Ingredienzien meiner Jugend, während ich mich in der Schule mit dem Minimum begnügte – die Freude am Lernen stellte sich erst an der Universität ein.

Die Nachrichten über das, was in der Welt geschah, weckten bald mein Interesse. Ich war elf Jahre alt und erinnere mich noch gut an die Neugier und Aufmerksamkeit, mit der ich die tragischen Ereignisse in Budapest nach dem Einmarsch der sowjetischen Panzer gegen die von Imre Nagy verkörperten Freiheitsbestrebungen verfolgte. Ebenso die französisch-britische (und im Geheimen auch israelische) Militärexpedition am Suezkanal, der vom ägyptischen Premierminister Gamal Abdel Nasser verstaatlicht worden war, sowie die Entführung des Flugzeugs mit den Führern der algerischen Revolution von Rabat nach Tunis durch die französische Armee.

Das war im Jahr 1956. Dann wurde auch der Algerienkrieg und damit die französische Politik zu meiner Leidenschaft und lehrten mich, die Bedeutung von Begriffen wie Demokratie und Achtung der Menschenrechte zu schätzen. Während meine Kameraden in der Lage waren, die Spieler der verschiedenen italienischen Fussballmannschaften aufzuzählen, zählte ich die verschiedenen Premierminister auf, die sich in dieser Zeit in Paris die Klinke in die Hand gaben. Dann kam Charles de Gaulle, den ich immer noch als eine der größten politischen Persönlichkeiten des letzten Jahrhunderts schätze. Ich schwänzte die Schule, um auf Langwellenrundfunk seine legendären Pressekonferenzen zu hören – die Hälfte davon habe ich wegen des schlechten Empfangs allerdings verpasst. Wenn man seine Schriften und Reden heute liest, ist man erstaunt, wie aktuell die Vorahnungen des Generals heute noch sind.

Ich erinnere mich, dass ich anfangs ein glühender Anhänger der »Algérie française« war, was zu lebhaften

Gewalt und Zensur

Viele Jahre nach dem Algerienkrieg hat General Jacques Massu, militärischer Führer in Algerien und Oberbefehlshaber in der sogenannten »Schlacht von Algier« die Anwendung von Folter ausdrücklich zugegeben: »Wenn ich an Algerien zurückdenke, betrübt mich das. Man hätte gut ohne die Folter auskommen können. Sie war Teil des damals herrschenden Klimas. Man hätte das anders machen können.« (*Le Monde,* 22. Juni 2000). Ein anderer General, Paul Aussaresses, gab zu, dass er persönlich den Befehl zum Mord an dem Mathematiker Maurice Audin, einem Unterstützer des algerischen Aufstandes, gegeben hatte: »Man hat ihn mit dem Messer getötet, um glauben zu machen, die Araber hätten ihn umgebracht.« (Jean-Charles Deniau, *La vérité sur la mort de Maurice Audin,* Éditions des Équateurs, Paris 2014) Ich erinnere auch an Gillo Pontecorvos Film *Die Schlacht von Algie*r, der 1966 in Venedig den Goldenen Löwen gewann und in Frankreich zensuriert wurde, wie andere Filme, die sich mit dem Algerienkonflikt befassten.

Allerdings war Frankreich zu dieser Zeit nicht das einzige Land, das zur Zensur griff. Giulio Andreotti war in Italien der Urheber des Gesetzes, das es ermöglichte, sogar präventiv gegen Filme vorzugehen, die »die katholische Welt beleidigten«. In diesem Zusammenhang fiel sein berühmter Satz: »Schmutzige Wäsche wäscht man zu Hause.« Der Film *Der Löwe der Wüste* (1980) von Moustapha Akkad über das Leben des libyschen Helden Omar al-Mukhtar, der mit aller Kraft gegen die von Mussolini befohlene kolonialistische Invasion Italiens in Libyen kämpfte, wurde in Italien ebenfalls zensuriert, weil er als »schädlich für die Ehre der italienischen Armee« angesehen wurde. Er wurde in Italien nur einmal, 2009, auf einem privaten Fernsehsender ausgestrahlt. Die Gräueltaten der italienischen Armee, angeführt vom faschistischen General Rodolfo Graziani (späterer Kriegsminister der sogenannten Republik Salò, ein Kriegsverbrecher der Sonderklasse), kosteten Hunderttausende von Zivilisten in Libyen und Eritrea das Leben.

Diskussionen am Esstisch führte, so sehr, dass meine Mutter drohen musste, zum Teppichklopfer zu greifen; sie war entschieden der Meinung, dass man beim Essen nicht über Politik spricht! Meine Geschwister, aber auch mein Vater, machten sich lustig über mich wegen meiner hitzigen Reaktionen. Diese Provokationen führten aber dazu, dass ich nachdachte und meine Meinung änderte. Irgendwann verstand ich, wie wichtig das Recht der Völker war, frei über ihr eigenes Schicksal zu entscheiden und wie ungerecht die europäische Minderheit in Algerien die indigene und muslimische Mehrheit behandelte.

Der Algerienkrieg war lang und erbittert. Zu Beginn vermieden französische Politiker und Medien den Begriff Krieg und sprachen stattdessen von den »Événements d'Algérie« (wie sehr erinnert das doch an eine ominöse »Militärische Spezialoperation« der letzten Zeit!). Zahlreiche Verbrechen wurden von der französischen Armee begangen, darunter auch umfangreiche Folterungen. Niemals gab es im Land der Menschenrechte eine gerichtliche Verurteilung für solche Taten, obwohl viele Folterer bekannt waren und sind und einige sich sogar damit brüsteten.

Der Algerienkrieg und insbesondere die Entführung des Flugzeugs der Air Maroc mit den Führern der Nationalen Befreiungsfront (FLN) an Bord hatte damals unvorhergesehene und sogar aufsehenerregende Folgen, die zum Selbstmord des schweizerischen Bundesanwalts und Chefs der Spionageabwehr René Dubois führten.

Dubois hatte die Überwachung der Kommunikation der ägyptischen Botschaft in Bern angeordnet. Ägypten war der wichtigste Unterstützer der algerischen Revolutionäre, die die ägyptische Botschaft in Bern zur Kommunikation mit Nasser nutzten. Der sozialistische französische Premierminister Guy Mollet fand heraus, dass Bundesanwalt Dubois wie er Sozialist war und lud ihn nach Paris ein, um ihn davon zu überzeugen, dass Nassers Ägypten, das gerade den Suezkanal verstaatlicht hatte, eine ernste Gefahr für die Demokratien darstellte und dass ganz Nordafrika im Chaos zu versinken drohte. Dubois ließ sich überzeugen und gab alle abgefangenen Informationen, die über die ägyptische Botschaft in Bern gelaufen waren, an die französische Spionageabwehr weiter, und mit ziemlicher Sicherheit auch die Informationen über die Flucht der algerischen Führer von Rabat nach Tunis. Eine klare Verletzung der Neutralität durch einen der höchsten Justizbeamten des Landes. Die Presse bekam Wind von der Affäre, und der Skandal war riesig; Staatsanwalt Dubois konnte dem Druck nicht widerstehen und nahm sich das Leben.

Nach der Matura, als es darum ging, den weiteren Weg zu wählen, geriet alles in unvorhergesehene, ungeplante Bahnen. Ich war begeistert von der Psychiatrie, eine weitere jugendliche Leidenschaft, die entstanden war, als die neuen Ideen der Antipsychiatrie und die von Franco Basaglia eingeführten revolutionären Behandlungsmethoden an Boden gewonnen hatten. Dann, bei einem

Abendessen nach einem Berufsberatungstreffen, saß ich zusammen mit zwei Psychiatern an einem Tisch. Die beiden Fachleute sprachen kaum mit mir, stattdessen diskutierten sie untereinander in einer unverständlichen Sprache. Ich war sehr enttäuscht, und mein Vater tröstete mich, indem er mir sagte, dass ich an diesem Abend indirekt ein Attest für psychische Gesundheit erhalten hätte, denn wenn ich ein Fall für die Psychiatrie gewesen wäre, hätten sie sich sicher für mich interessiert! So wandte ich mich der Juristerei zu.

Ich wusste von Anfang an, dass ich nicht Anwalt werden wollte, sondern dachte eher an die Gefängniswelt, die Forschung, die Lehre, vielleicht an ein Richteramt. Von da an geschah alles fast zufällig, durch ein zufälliges Treffen oder Telefonanrufe, die mich jedes Mal dazu zwangen, mich in kürzester Zeit zu entscheiden. Tatsächlich ist es so, dass ich mich nie aus eigenem Antrieb um eine Stelle beworben habe, ich wurde immer dazu gedrängt.

Während meiner Abschlussprüfungen an der Universität traf ich zufällig den Professor für Strafrecht, bei dem ich mich für die Promotion entschieden hatte. Er erzählte mir, dass es eine Ausschreibung für ein Stipendium der deutschen Regierung gebe, und er erklärte, dass ich damit an das Max-Planck-Institut für Internationales Strafrecht und Kriminologie in Freiburg im Breisgau gehen könnte. Eigentlich wollte ich nach Montreal gehen, um dort Kriminologie zu studieren, ein Fach, das es damals in der Schweiz so gut wie nicht gab, aber ich hatte keine Lust, meine Eltern ein weiteres Mal um Geld zu bitten. Das Auswahlverfahren für das Deutschlandstipendium lief am selben Tag oder am Tag danach aus. Ich füllte eilig die erforderlichen Formulare aus, ohne große Hoffnung, denn es war nur ein einziges Stipendium für die gesamte Universität zu vergeben. Innerhalb weniger Tage erhielt ich mein Stipendium, bestand meine Abschlussprüfungen in Jura, heiratete und reiste mit meiner Frau nach Deutschland.

Wir erlebten, wie es ist, Ausländer im Ausland zu sein, ertrugen die umständlichen Formalitäten einer schwerfälligen Verwaltung mit unfreundlichen Beamten, und das alles in einem Schuldeutsch (das ich nie wirklich in den Griff bekam). Wir haben eine winzige Wohnung, die bald zu einem Treffpunkt für die ausländischen Stipendiaten und Wissenschaftler des Instituts wird. Das Stipendium wird verlängert und ich erhalte einen Beitrag vom Schweizerischen Nationalfonds. Dann werde ich vom Institut als Forscher und Leiter der Abteilung für Schweizer Recht angestellt. Eine sichere Stelle, hervorragende Sozialleistungen, gute und konkrete Aussichten auf eine Zukunft in der Wissenschaft.

An einem Mittwoch erhält das Max-Planck-Institut in Freiburg im Breisgau einen Anruf aus dem Tessin: Es ist der Jurist Ferruccio Bolla, Staatsrat und Herausgeber des *Repertorio di giurisprudenza patria*, ein Mann von großer Kultur und Rechtschaffenheit. Er ist wahrscheinlich die einzige Person im Tessin, die einige meiner in Fachzeitschriften veröffentlichten Beiträge gelesen hat. Er verschwendet keine Zeit mit Vorreden: »Sind Sie daran interessiert, als Vertreter der Anklage bei der Staatsanwaltschaft des Sopraceneri zu arbeiten?« In Deutschland war ich auf dem Weg zum Professor für Strafrecht: Ich hatte meine Doktorarbeit abgeschlossen und diskutierte mit dem Institutsleiter über die Themenwahl für die Habilitationsschrift. Genau zu diesem Zeitpunkt wuchsen jedoch meine Zweifel an einer akademischen Karriere: ich vermisste die Konfrontation mit der realen Welt und den menschlichen Kontakt – der zwischen Forschern oft distanziert und kompetitiv ist. Ich bat vergeblich um etwas Zeit, um nachzudenken: das Vorsprechen der Kandidaten würde in drei Tagen, am Samstagmorgen, in einem Klassenzimmer der Kunstgewerbeschule in Bellinzona stattfinden. Ich nahm den Zug und wurde ein paar Monate später vom Großen Rat zum stellvertretenden Staatsanwalt gewählt.

Etwa fünfzehn Jahre später – intensive und aufregende Jahre! – verändert ein Telefonanruf am Sonntagmorgen erneut mein Leben: Ich habe bis Dienstagmittag Zeit, die Kandidatur für die Nachfolge des zurücktretenden Staatsrats Claudio Generali anzunehmen. Die Nominierung durch den kantonalen Parteiausschuss der Freisinnigen (im Tessin PLR, Partito Liberale Radicale) erfolgt einige Tage später, als ich mich in Malibu, Kalifornien, bei einem Treffen mit amerikanischen Ermittlern aufhalte, die an einer großen Ermittlung über Drogenhandel und Geldwäscherei in Höhe von Hunderten von Millionen Dollar beteiligt sind.

Als mich die Nachricht erreichte, saß ich im 14. Stock des Hotels mit Blick auf den Pazifischen Ozean, erschöpft und schockiert. Bis dahin hatte ich noch nie ein solches Gefühl der Fassungslosigkeit und Ohnmacht erlebt. Unter diesen Umständen gab ich mein erstes Interview als Politiker am Telefon. Der Kollege und Freund Piergiorgio Mordasini sollte später von mir sagen: »… ein an die Politik ausgeliehener Staatsanwalt.«

1995 wurde ich 50. Mein Vater starb. Für mich eine schwierige Zeit. Ich verspürte ein Gefühl der Verwirrung und des Zweifels. Ohne eine genaue Ursache zu kennen, hatte ich das Gefühl, dass ich nicht mehr die nötige Motivation hatte, um weiterzumachen wie bisher, und ich beschloss, für eine neue Amtszeit als Staatsrat nicht mehr zu kandidieren. Eine Entscheidung, die ich traf, ohne zu wissen, was ich als Nächstes tun würde. Eine wichtige Anwaltskanzlei in Zürich bot mir einen Auftrag an. Ich zog das Angebot nicht einmal in Betracht, so interessant es auch aus finanzieller Sicht gewesen wäre. Es war nicht das Leben, das ich wollte, ebensowenig wie das Leben, das mir die Rituale der Politik aufgezwungen hatten: Unnötig theatralisch, oft nervenaufreibend, irrational, zwischen falschen Freunden und falschen Wahrheiten – das, obwohl die Aufgabe, ein Departement zu leiten (in meinem Fall das der Finanzen), durchaus befriedigend war.

Und dann kommt der Anruf von Fabio Rezzonico, einem wahren Gentleman der Tessiner Politik. Er wird von der FDP/PLR beauftragt, Listen für die Parlamentswahl vorzuschlagen und fragt nach meiner Verfügbarkeit. Ich antworte ihm mit einem Lachen. Als Vorsitzender der Konferenz der Kantonalen Finanzdirektoren war ich schon mehrmals Gast in Parlamentarischen Kommissionen gewesen und kenne daher deren Arbeitsweise sehr gut. Ich füge hinzu: »Das ist nichts für mich, vielleicht Ständerat, wo die Diskussionen weniger politisiert und polarisiert sind.« Ein Scherz ohne Hintergedanken, der vielleicht sogar hochmütig und arrogant wirkt. Ich erwähne den Ständerat in der Gewissheit, dass sich die Frage gar nicht stellen wird.

Nur vier Jahre zuvor, im Jahr 1991, fand ein Wahlkampf statt, wie es ihn in unserem Kanton noch nie gegeben hatte. Ein Kampf der Titanen innerhalb der FDP um den Ständeratssitz: Sergio Salvioni gegen den bisherigen Franco Masoni. Ich denke, dass ein kantonaler Kongress wie der, den wir in der Markthalle in Mendrisio gesehen haben, in den Annalen der FDP/PLR einzigartig war, und zum ersten Mal waren an allen Wänden des Kantons riesige Plakate mit den Bildnissen der Kandidaten angebracht. Und so kam es heraus: Die beiden bisherigen Tessiner Ständeräte waren abgewählt, das Duell im Haus der Liberalen gewann Salvioni; Camillo Jelmini von der CVP war überraschend von dem Mediziner Giorgio Morniroli von der Lega dei Ticinesi verdrängt worden.

1995 ist es daher für mich selbstverständlich, dass Sergio Salvioni nach einem solchen Kampf für eine zweite Amtszeit kandidieren würde. Stattdessen kündigt Salvioni an, dass er nach nur einer Amtszeit aufhören wolle: seine Verpflichtungen in Bern und die Führung seiner Anwaltskanzlei seien eine zu große Belastung. Also kommt ein zweiter Anruf von Fabio Rezzonico, der mich an das erinnert, was ich ihm gesagt hatte. Ich habe drei Tage Zeit, mich zu entscheiden. Und schon sitze ich im Ständerat, zusammen mit Renzo Respini von der damaligen CVP (heute Mitte), mit dem ich zu verschiedenen Zeiten ein Stück Weges durch die drei Gewalten des Staates gegangen bin.

Ich wäre wahrscheinlich nicht sechzehn Jahre lang im Ständerat geblieben, wenn da nicht noch das parallele Mandat für die Parlamentarische Versammlung des Europarates gewesen wäre. Zwar mangelte es nicht an Versuchen, mich wegzudrängen, aber in Straßburg warteten noch Aufgaben, die ich nicht abbrechen wollte und konnte. Darüber hinaus glaube ich, dass ich meine Arbeit in Bern nie vernachlässigt habe, wo ich nacheinander die Rechtskommission präsidierte, dann die Außenpolitische und schließlich die Finanzkommission – eine außerordentlich arbeitsintensive Zeit!

In Straßburg übernahm ich die Präsidentschaft der Menschenrechtskommission und der Überwachungskommission, verantwortlich dafür, zu überprüfen, ob die neuen Länder, die nach der Implosion der Sowjetunion unabhängig wurden, die Verpflichtungen bezüglich Menschenrechte, Demokratie und Schutz von Minderheiten, die sie mit ihrer Aufnahme in den Europarat eingegangen waren, auch respektierten. Es wird oft ignoriert: Straßburg hat eine wichtige und wertvolle Arbeit bei der Begleitung dieser Länder bei ihren nicht einfachen ersten Schritten in Richtung Unabhängigkeit und Demokratie geleistet.

Beim Europarat wurden mir innerhalb weniger Jahre Aufträge anvertraut, die Experten als »unmögliche Missionen« bezeichneten. Darunter: Berichte über die Geheimgefängnisse der CIA in Europa, die Menschenrechtssituation in Tschetschenien und im Nordkaukasus und unmenschliche Behandlung und Verdacht auf Menschen- und Organhandel durch die Kosovo-Befreiungsarmee UÇK.[1]

Natürlich gab es für diese Aufgaben keine Spontanbewerbungen. Ich wurde ausgewählt, weil ich Präsident der Kommission und Schweizer war (und deshalb vermutlich neutral) und mit einer Vergangenheit als Ermittler, bekannt von einigen Fällen, die für Aufsehen gesorgt hatten, sogar über die Schweizer Grenzen hinaus. Ich hätte glaubwürdige Gründe vorbringen können, um solche Aufträge abzulehnen, von denen ich wusste, dass sie nicht nur äußerst schwierig und heikel waren, sondern mit ziemlicher Sicherheit auch eine Quelle von Ärger jeglicher Art, ganz sicher aber nicht von Ruhm. Nein, ich habe diese Aufträge nicht aus Selbstüberschätzung angenommen, wie mir einige unterstellt haben, sondern nur aus Selbstachtung: Hätte ich mich vor ihnen gedrückt, hätte ich, glaube ich, für immer eine unerträgliche innere Wunde gespürt, nämlich die der Scham, die Pflichten des von mir gewählten Amtes nicht erfüllt, mich aus Angst vor dem Versagen gedrückt zu haben.

II Der Advent

> »Viele ruhige Flüsse entspringen
> in donnernden Wasserfällen,
> aber keiner von ihnen rauscht
> und schäumt bis zum Meer.«
>
> Michail Lermontow

Kehren wir zur Flussmetapher zurück, wieder mit einem Dichter, diesmal einem russischen, und zwölf Jahrhunderte nach dem Chinesen Chen Zi'ang. Auch ich dachte, dass dieser ungestüme und unberechenbare Strom, während er sich seinem Ziel nähert, schließlich zu einem ruhigen Fluss werden würde, der mit Diskretion und unerschütterlichem Phlegma durch ruhige grüne Landschaften fließt.

Und tatsächlich hatte ich 2020 im Alter von 75 Jahren zum ersten Mal mein Leben geplant. Nach dem Ende meiner parlamentarischen Tätigkeit und nach zehn Jahren leidenschaftlichem Engagement für die Konzernverantwortungsinitiative hatte ich beschlossen, mich nach der Volksabstimmung endgültig zurückzuziehen und die öffentliche Bühne zu verlassen; am Tag nach der Abstimmung würde ein neuer Lebensabschnitt beginnen. Kein Hetzen mehr von einem Termin zum nächsten, kein Ärger mehr mit unpünktlichen Lieferungen, kein nervenaufreibendes Warten in Flughäfen, die mit ungeduldigen, oft unfreundlichen und hysterischen Menschen überfüllt sind. Nein, zum ersten Mal in meinem Leben würde ich eine Zeit erleben – zwangsläufig meine letzte – in der ich mit meinen Hunden in den Wäldern spazieren gehen, mich ausruhen und entspannen, all die Bücher lesen, die schon lange ungelesen herumliegen, und mich mit meinen Freunden, meinen echten Freunden, treffen würde. Eine Zeit, die ich der Erziehung zum Müssiggang widmen wollte, jenem Müssiggang, der »nur für die Mittelmäßigen fatal ist«, wie Albert Camus zu sagen pflegte; Müssiggang, von dem ich so oft träumte, den ich aber nie in die Tat umsetzte, so sehr, dass Schuldgefühle jeden bescheidenen Versuch in dieser Richtung im Keim erstickten. Man wird vielleicht sagen: »Ach ja, deine protestantische Erziehung!«

Adventssonntag des Jahres eins der Pandemie. Die Konzernverantwortungsinitiative erhält eine Ja-Mehrheit vom Volk, scheitert aber am erforderlichen Ständemehr – nicht zuletzt wegen ein paar kleinen bis sehr kleinen Kantonen. Wenn man bedenkt, dass die Initiative von zivilgesellschaftlichen Organisationen mit Tausenden von Freiwilligen ins Leben gerufen und durch kleine Beträge finanziert wurde, die regelmäßig von einer beeindruckenden Zahl von Menschen gezahlt wurden, ist das

Ergebnis ein beachtlicher Erfolg, zumal die Gegner auf die Unterstützung globaler Giganten mit Sitz in der Schweiz zählen konnten. Die Kampagne fand während der Pandemie statt, mit zwangsläufig halbleeren Märkten und Hallen. Es war auch schwierig, weil der Ton bald sehr gereizt, wenn nicht sogar bösartig wurde.

Die Forderung, dass ein multinationales Unternehmen für die Schäden, die es der Bevölkerung und der Umwelt in den fragilen Ländern, in denen es tätig ist, zufügt, zur Rechenschaft gezogen wird, scheint mir absolut selbstverständlich zu sein. Umso erstaunter, ja schockierter war ich, dass unsere Justizministerin die Initiative mit solchem Eifer und einer solchen Lässigkeit im Umgang mit der Wahrheit bekämpfte. Unsererseits fehlte es nicht an Beweisen für den guten Willen.

Wir hatten sogar einen Gegenvorschlag unterzeichnet, der in Zusammenarbeit mit Politikern verschiedener Parteien und wichtigen Wirtschaftskreisen ausgearbeitet und von einer klaren Mehrheit des Nationalrats angenommen worden war, in dem wir schriftlich festhielten, dass wir die Initiative zurückziehen würden, wenn die andere Parlamentskammer in dieselbe Richtung entscheiden würde. Karin Keller-Sutter, die Justizministerin, kämpfte zusammen mit Economiesuisse und SwissHoldings mit allen Mitteln, um den Ständerat zu überzeugen, den vom Nationalrat beschlossenen und unterstützten Gegenvorschlag abzulehnen. Ein absolut ungewöhnlicher Eifer eines Bundesratsmitglieds, wenn das Parlament einen Entscheid zu fällen hat.

Besonders stolz bin ich auf das klare Votum des Tessins, das ursprünglich zu den Gegnern zählte. Ehrlich gesagt, habe ich noch nie ein so spontanes und großzügiges Engagement der Bürger und Bürgerinnen gesehen, das von einer Zivilgesellschaft zeugt, die auf politischer Ebene allzu oft nicht korrekt repräsentiert ist. Als Zusammenschluss von mehr als 130 Nichtregierungs- und nicht profitorientierten Organisationen hielten wir unsere Forderung, vom Bundesrat gehört zu werden, für legitim. Abgelehnt. Um so intensiver stand der Bundesrat in Kontakt mit den Verantwortlichen der oben genannten Wirtschaftsorganisationen.

Ein Sieg vor dem Volk also: Die Politik kann nicht so tun, als ob sie ihn ignorieren und einfach sagen würde, die Initiative sei nicht angenommen worden. Jean-François Aubert, der mein Professor war und als einer der bedeutendsten Schweizer Verfassungsrechtler gilt, hat eine Kritik an der für Volksinitiativen erforderlichen doppelten Mehrheit formuliert, die durchaus zutreffend erscheint: Wenn die Initiative vom Volk angenommen wird, darf das Votum der Kantone nur berücksichtigt werden, wenn die zur Abstimmung stehende Norm kantonale Auswirkungen hat. In der vorliegenden Sache war dies absolut nicht der Fall.

Die Initiative war nicht nur eine außergewöhnliche menschliche Erfahrung, sondern hat auch auf unvorhersehbare Weise zu meinem Lebenslauf beigetragen. Eines schönen Tages erhielt ich einen eingeschriebenen Brief von der Staatsanwaltschaft des Kantons Waadt mit einer gerichtlichen Vorladung. Der Schweizer Pressegigant Tamedia hatte Strafanzeige gegen Unbekannt (aber wohl wissend, auf wen es gemünzt war) wegen Verletzung des Urheberrechtsgesetzes erstattet. Hier sind die Fakten. Die zur Tamedia-Gruppe gehörende Wochenzeitung *Le Matin Dimanche* hatte ein langes, zweiseitiges Interview mit mir veröffentlicht; das Thema war natürlich die Initiative. Später, als die Zeitung nicht einmal mehr an den Kiosken erhältlich war, hatten die Organisatoren der Kampagne ein Flugblatt vorbereitet, das die beiden Seiten der Zeitung zusammen mit einem orangefarbenen Streifen mit der Aufschrift »Konzernverantwortungs-Initiative« abbildete. Fast die gesamte Länge der beiden Seiten bestand aus meinen Antworten. Das Flugblatt (das ich bis zur Strafanzeige nicht einmal gesehen hatte) war an alle Haushalte in einem Gebiet in der französischen Schweiz verteilt worden. Das Gleiche war mit einem Interview von mir auf Deutsch in der *Schweizer Illustrierten* des Ringier-Konzerns gemacht worden. Tamedia reichte daraufhin Strafanzeige ein, ohne auch nur den Versuch einer gütlichen Einigung zu unternehmen. Ringier hingegen tat dies nicht.

Um die Angelegenheit besser zu verstehen, muss eine weitere Tatsache erwähnt werden. Während der Kampagne hatten mehrere Tamedia-Organe gegen Bezahlung Artikel des gegnerischen Komitees veröffentlicht, diese aber als redaktionelle Beiträge dargestellt. Nach einer Beschwerde beim Schweizer Presserat (die nicht von mir stammte, wie einige zu glauben schienen) wurde Tamedia gerügt und ermahnt, die ethischen Standards des Journalismus einzuhalten.[2] Also, eine Ermahnung für diejenigen, die aus Profitgründen gehandelt haben, strafrechtliche Verfolgung für diejenigen, die aus rein ideellen Gründen handelten.

So musste ich elf Stunden reisen, um als Angeklagter fast zwei Stunden lang die Fragen eines Waadtländer Staatsanwalts zu beantworten, der sichtlich Zeit zu verlieren hatte. In Wirklichkeit musste ich ihm nur erklären, dass ich Vorsitzender des Initiativkomitees war, eines Gremiums, das im Gesetz vorgesehen ist und dessen Kompetenz im Wesentlichen darin besteht, zu entscheiden, ob die Initiative zurückgezogen werden soll oder nicht, zum Beispiel im Falle eines akzeptablen Gegenvorschlags.

Die Kampagne wurde auf praktischer Ebene von einer Gruppe junger Leute geleitet, die sich als sehr gut und sehr kreativ erwiesen. Die Idee mit den Fahnen, welche die Leute an Fenster und Balkone hängten, war besonders erfolgreich.

Dieser Adventssonntag markierte den Beginn, wenn nicht eines neuen Lebensabschnitts, so doch zumindest einer neuen Lebensweise, begleitet von einem neuen Geist. Ein seltsames Gefühl: der Eindruck, nicht zu wissen, an welchem Wochentag man sich befindet, da der elektronische Terminkalender keine Signale für bevorstehende Termine mehr aussendet. Die Hunde scheinen erstaunt zu sein über die langen Spaziergänge, die wir jetzt jeden Tag machen. Aber irgendwo muss geschrieben stehen, dass mein Leben niemals dem lieblichen Fluss meiner Träume ähneln wird.

Achtzehn Tage später ist Freitag, genau eine Woche vor Weihnachten. Plötzlich erklingen die Noten und Worte des »Chant des partisans«. Es ist der Klingelton meines Telefons. »Ich bin der Kommandant der Kantonspolizei.« Im Bruchteil einer Sekunde schießen mir tausend Gedanken durch den Kopf: Ist einem Familienmitglied etwas zugestoßen? Nein, dann würde nicht der Kommandant anrufen. Ein gutmütiger Freund, der mir einen Streich spielt, wie es so oft vorkommt? Ich will gerade antworten: »Seine Heiligkeit empfängt heute nicht!«, aber ein Blick auf das Display des Telefons stoppt mich nach der ersten Silbe: Es ist tatsächlich die Kantonspolizei.

Warum das Lied der französischen Partisanen? Der Text ist sehr schön, und die französische Résistance wie auch die italienische Resistenza haben mich schon immer fasziniert. Schließlich beziehen sie sich auf das große Thema, das bereits Sophokles im 5. Jahrhundert auf bewundernswerte Weise behandelt hat. In der Tragödie *Antigone* geht es um die Frage nach der Legitimität des Gesetzes und seiner Übertretung, wenn es gegen Werte verstößt, die als übergeordnet und unantastbar gelten. Sie sind auch ein untrügliches Spiegelbild der Menschheit. Wie viele sind bereit, das Risiko einzugehen, eine Macht herauszufordern, die sie für böse halten, auch wenn diese sich formal an die Gesetze hält? Ich frage mich oft: Hätte ich mich dem Widerstand angeschlossen, indem ich mich gegen die schreckliche Unterdrückung durch die Nazis oder die Brutalität der Truppen von Italo Balbo, dem faschistischen Offizier und Generalgouverneur von Italienisch-Libyen, gestellt hätte? Hätte ich den Mut dazu gehabt? Oder wäre auch ich in die Gleichgültigkeit der Mehrheit verfallen?

Als Pétain den Kampf aufgab und mit den Nazis paktierte, folgten nur wenige General de Gaulle im Juni 1940 nach London, wo er erklärte, er wolle den Krieg gegen Deutschland im Namen Frankreichs fortsetzen. Als de Gaulle selbst am 24. August 1944 inmitten einer Flut von Menschen, die über die Befreiung von Paris jubelten, über die Champs-Elysées schritt, erklärte sich jeder zum Partisanen. In Wirklichkeit hatte es nur wenige Mutige gegeben, viele Opportunisten und viele Gleichgültige.[3] Zu den Opportunisten gehörte François Mitterrand, der so sehr mit dem Vichy-Regime kollaborierte, dass er die Francisque erhielt, eine von Pétain geschaffene Auszeichnung (für die ein schriftlicher Antrag gestellt werden muss-

Opportunisten und Mittäter

Nur sechs von 86 Prälaten der französischen katholischen Kirche wagten es, Kritik an der Verfolgungspolitik des Vichy-Regimes zu äußern. Noch schlimmer war es bei den Richtern der Justizordnung: Bis auf einen schworen alle Marschall Pétain die Treue. Berühmt ist die Anklageschrift des Toulouser Staatsanwalts Pierre Lespinasse, der 1943 seine Anklageschrift folgendermaßen formulierte, indem er sich an den Angeklagten, den Partisanen Marcel Langer (genannt Mendel) wendet: »Sie sind Jude, Ausländer und Kommunist, drei Gründe, um Ihren Kopf zu fordern.« Langer wurde guillotiniert und der Staatsanwalt wurde kurz darauf von der Résistance getötet. Er war auf dem Weg zur Messe. Seitdem hat es kein Staatsanwalt aus Vichy mehr gewagt, die Todesstrafe gegen politische Angeklagte zu fordern.

te). Dann, als sich die Kriegsereignisse zugunsten der Alliierten zu wenden schienen, erschien Mitterrand in London. Viele sehen in dieser Episode den Grund für den Hass, den der spätere sozialistische Präsident dem General gegenüber immer hegen sollte.[4]

Niemand kann von irgend jemandem verlangen, sich wie ein Held zu verhalten, aber es stimmt auch, dass die vielen Formen der Kollaboration mit den Nazis und den Faschisten, wie die Denunziation, um sich jüdisches Eigentum anzueignen, und das komplizenhafte Schweigen derjenigen, die die institutionelle Pflicht haben, die Missbräuche und Schrecken der Macht anzuprangern, einen der abscheulichsten Aspekte des menschlichen Verhaltens darstellen. Der Klingelton meines Telefons mit dem Lied der Partisanen ist also jedes Mal eine kleine Injektion von Hoffnung und Vertrauen in den Nächsten. Auch wenn es schlechte Nachrichten ankündigt.

III Wenn die Vergangenheit ruft

Am Telefon ist also in der Tat der Kommandant der Kantonspolizei. Ein paar Worte, präzise und scharf. Die Bundespolizei (FedPol) habe ihn informiert, dass ich wegen einer ernsten und unmittelbaren Gefahr sofort unter Personenschutz gestellt werden müsse. Das kam unerwartet; dennoch nicht völlig überrascht, sage ich nur ein Wort: »Balkan?« »Ja«, war die Antwort nach einem leichten Zögern. Mehr nicht. Was eigentlich ein neuer Lebensabschnitt hätte sein sollen, reduzierte sich so mit einem einzigen Telefonanruf zu einer bloß achtzehn Tage dauernden Auszeit.

Meine unmittelbare Reaktion? Mit Laska und Leik, meinen beiden Schäferhunden, fahre ich auf die andere Seite des Tals, nach Lisone, einem Ortsteil von Cademario, um in den Wäldern auf dem Montaccio-Hügel spazieren zu gehen. Der Blätter entblößt, hat der dichte Wald eine strenge Ausstrahlung, eine solide Schönheit. Es herrscht Stille. Niemand, nur eine winterliche Stille, die durch unser Getrappel auf den trockenen Buchenblättern gebrochen wird. Zurück bei meinem Auto, sehe ich eine Gruppe von Menschen, die auf mich zu warten scheint. Die Hunde beobachten sie ruhig, wohlwollend, könnte man sagen; nicht einmal Laska, die sonst sehr misstrauisch gegenüber Fremden ist, zeigt irgendein Anzeichen von Nervosität. Sie haben es vor mir erkannt. Es sind zivile Agenten der Sonderpolizei. Wir gehen alle nach Hause. Von da an gehe ich fast eineinhalb Jahre lang nie wieder allein aus. Unser Haus ist zu einer kleinen Festung geworden.

Titos Jugoslawien

Tito, der eigentlich Josip Broz hieß, war Mitglied des NKWD, des berüchtigten sowjetischen Geheimdienstes, und beteiligte sich an den rücksichtslosen Säuberungen, die von Stalin, dessen treuer Mitarbeiter er war, angeordnet wurden. Nach dem Krieg rief er sich selbst zum Marschall aus und errichtete ein autokratisches Regime, das jedoch weniger streng war als das der Sowjetunion und der anderen Warschauer-Pakt-Staaten. Er organisierte das Land in einer Föderation, die aus Serbien, Kroatien, Slowenien, Bosnien-Herzegowina, Mazedonien und Montenegro bestand. Tito pflegte zu sagen, dass Jugoslawien sechs Republiken, fünf Nationen, vier Sprachen, drei Religionen, zwei Alphabete und nur eine Partei habe.

Im 20. Jahrhundert waren der Balkan und der Kaukasus immer wieder Schauplatz heftiger Konflikte. Der Zerfall des Osmanischen Reichs, eines riesigen multikulturellen Gebildes, und der anschließende Übergang zu zahlreichen neuen Nationalstaaten löste ein Erdbeben aus, dessen Nachbeben bis heute in der Region schmerzhaft nachwirken. Die Großmächte tragen einen nicht unerheblichen Teil der Verantwortung für diese Situation: Sie schüren und verschärfen die Identitätsunterschiede je nach ihren momentanen Machtinteressen. Dank Marschall Tito, einem Kommunisten, der jedoch schnell mit Moskau brach und seinen eigenen Weg ging, erlangte der Balkan wieder einen Anschein von Einheit.

Tito zeichnete sich durch seinen Mut und seine Kühnheit im Krieg aus, und die Aktionen des jugoslawischen Widerstands, insbesondere der Serben, gehörten zu den wirksamsten im von den Nazis besetzten Europa. Letztere konnten dagegen auf die Hilfe der grausamen Ustascha zählen, einer separatistischen und antisemitischen kroatischen Bewegung, die Massaker von beispielloser Brutalität an Serben, Juden, Zigeunern und Gegnern verübte, sodass diese Ereignisse als »vergessener Genozid« bezeichnet werden.

Mit dem Tod Titos im Jahr 1980 begann Jugoslawien zu zerfallen und die Balkankriege wurden mit der Gründung weiterer neuer Staaten fortgesetzt. Was de Gaulle schon fast zwanzig Jahre zuvor vorausgesagt hatte, geschah nun. Im Juli 1964 hatte er gesagt, dass Jugoslawien als Staat nach Titos Tod nicht lange bestehen würde.[5] In Bosnien standen sich drei ethnische Gruppen und drei verschiedene Religionen (Orthodoxe, Katholiken und Muslime) erbittert gegenüber.

Der Vatikan und die Ustascha

Eine besonders dunkle Geschichte: Bei den Ustascha-Massakern waren katholische Priester und Prälaten aktiv beteiligt. Wie viel der Vatikan, insbesondere Pius XII., damals wusste und wie er reagierte, ist bis heute Gegenstand historischer Kontroversen. Jedenfalls scheint es keinen wirklichen Willen zur Klärung dieser Fakten zu geben. Zweifellos haben diese Ereignisse jedoch die Situation auf dem Balkan beeinflusst und beeinflussen sie noch immer.

Im Kosovo, einer Provinz Serbiens, revoltierte die muslimische albanische Mehrheit gegen die Regierung in Belgrad, die mit gewaltsamer Unterdrückung reagiert.

US-Außenministerin Madeleine Albright hielt eine bewaffnete Intervention für die einzige Lösung und setzte ihre Doktrin mit ungewöhnlicher Hartnäckigkeit bei ihrer Regierung und der Nato durch. Mit dem Fall der Berliner Mauer und der Auflösung des Warschauer Pakts schien die Nato ihre Existenzberechtigung verloren zu haben. Albrights Vorschlag kam also zum richtigen Zeitpunkt, um der westlichen Militärorganisation eine neue Bedeutung und scheinbare Legitimität zu verleihen. Die Amerikaner und ihre Verbündeten begannen, Serbien intensiv zu bombardieren, wobei auch zivile Ziele getroffen werden. Da sie jedoch nicht mit Truppen vor Ort intervenieren wollten, konzentrierten sie sich auf Luftangriffe, während sie am Boden die Kosovo-Befreiungsarmee UÇK, insbesondere die Drina-Gruppe, unterstützten. Dreist erklärte Albright, dass drei Tage Luftangriffe ausreichen würden, um das Problem zu lösen. Stattdessen brauchte es viel mehr: 78 Tage intensiver Bombardierung.

Die militärische Intervention der Nato in Serbien fand ohne Genehmigung des UNO-Sicherheitsrats statt und war daher ein Verstoß gegen das Völkerrecht. Die Schweiz sperrte ihren Luftraum für Jets, die an dem Konflikt beteiligt waren (bei der späteren Militäroperation in Afghanistan tat sie das nicht, eben weil diese von der UNO genehmigt worden war).

Madeleine Albrights hartnäckige Entschlossenheit, über die in der UNO diskutierten Lösungsmöglichkeiten hinauszugehen und Serbien zu bombardieren, lässt sich vielleicht Jahre später durch einen ihrer Ausbrüche bei der Präsentation eines ihrer Bücher in Prag erklären. In Anwesenheit von Demonstranten, die sie über die Intervention in Serbien ausfragten, reagierte sie wütend, indem sie ein Stück Papier nach ihnen warf und rief: »Disgusting Serbs! Get Out« (»Widerliche Serben! Verschwindet«). Die Szene wurde gefilmt und ist auf YouTube zu sehen. Es ist schwer, den Hass zu übersehen, der sie beseelte. Albright zögerte dann nicht, im Kosovo Geschäfte zu machen, indem sie ihre früheren diplomatischen Aktivitäten nutzte, wie auch mehrere andere amerikanische und europäische Persönlichkeiten, die in dem Land mit dem erklärten Ziel intervenierten, es zu schützen. Die Kosovaren waren Opfer von Milošević, aber nicht alle, die ihnen zu Hilfe eilten, waren aufrichtig und wirklich uneigennützig.

Die Gewalt in den neunziger Jahren erreichte ein hohes Maß an Grausamkeit, wie es in Bürgerkriegen und interethnischen Konflikten häufig vorkommt. Die Kriegsregeln, wie sie in den Genfer Konventionen kodifiziert sind, wurden weitgehend missachtet, und es wurden sehr schwere Verbrechen begangen. Mit der Resolution vom 25. Mai 1993 hatte der Sicherheitsrat ein Ad-hoc-Tribunal mit Sitz in Den Haag eingerichtet, um Verbrechen – insbesondere schwere Verstöße gegen die Genfer Konventionen, Verbrechen gegen die Menschlichkeit und Völkermord – zu verfolgen, die während der Konflikte in Kroatien, Bosnien-Herzegowina, dem Kosovo und Mazedonien begangen wurden. Auch wenn der Internationale Strafgerichtshof für das ehemalige Jugoslawien das Verdienst hatte, der faktischen Straffreiheit der Kriegsherren zumindest teilweise ein Ende gesetzt zu haben, entgeht er nicht dem Vorwurf der Parteilichkeit und des Nachgebens unter dem politischen Druck, insbesondere seitens der USA, und vor allem der Missachtung der Erwartungen der Opfer. Die Prozesse haben nicht dazu beigetragen, die Feindseligkeit und den Hass zwischen den Streitparteien zu beschwichtigen, sondern haben sie oft noch verschärft. Es ist ein immer wiederkehrendes Problem internationaler Straftribunale, wenn sie nicht von Mechanismen der Übergangsjustiz und von Wahrheits- und Versöhnungskommissionen begleitet werden.

Der Historiker und Journalist Jean-Arnault Dérens, Spezialist für den Balkan, zeichnet ein sehr düsteres Bild von der Arbeit des Internationalen Strafgerichtshofs für das ehemalige Jugoslawien. Der Titel eines Interviews mit ihm in *Le Mond*e vom 27. Mai 2023 fasst es gut zusammen: »Das internationale Recht darf nicht das Recht der Sieger sein.« Eine Position, die ich auch in meinem Buch *Une certaine idée de la justice* umrissen und verteidigt habe.

Nicht das gesamte geografische Gebiet, in dem sich die schweren Straftaten ereignet haben, und auch nicht der gesamte Zeitraum, in dem sie begangen wurden, fallen in die Zuständigkeit des Internationalen Strafgerichtshofs für das ehemalige Jugoslawien (IStGHJ). Lesen Sie die Memoiren der ehemaligen Anklägerin, der gebürtigen Tessinerin Carla Del Ponte, die sie zusammen mit dem Journalisten Chuck Sudetic geschrieben hat.[6] Dort erfährt man, dass Mitglieder der UÇK schwere Verbrechen gegen Serben und albanischsprachige Kosovaren begangen haben sollen, die der Kollaboration mit Belgrad beschuldigt wurden. Es ist auch vom Handel mit menschlichen Organen die Rede. Wenn man das liest, ist man wirklich erschüttert. Die Verdachtsmomente, über die eine so maßgebliche Quelle berichtet, sind äußerst schwerwiegend, doch sie sind nicht mehr Gegenstand einer Untersuchung.

Die Ereignisse sollen sich größtenteils in Albanien abgespielt haben, einem Gebiet, das nicht in die Zuständigkeit des Internationalen Strafgerichtshofs fällt, und zwar zu einem Zeitpunkt, als der Strafgerichtshof nicht mehr handeln durfte. Das ist sehr verwunderlich, denn es gibt keinen Beschluss, auf eine Strafverfolgung zu verzichten, und keinen Hinweis an die albanischen Behörden oder die Vereinten Nationen, dass es konkrete Beweise für schwere Verbrechen gibt, die auf ihrem Hoheitsgebiet begangen wurden. Nein, Sie müssen in den Buchladen gehen, um herauszufinden, was passiert ist. Dennoch kursierten schon seit einiger Zeit Gerüchte über die Existenz des Handels mit menschlichen Organen.

Ein für die Vereinten Nationen arbeitender Gerichtsmediziner hatte von investigativen Journalisten bereits eine Akte erhalten, aus der hervorging, dass acht Zeugen, die einander nicht kannten, behaupteten, serbische Gefangene aus dem Kosovo in verschiedene von der UÇK kontrollierte Haftanstalten in Albanien transportiert zu haben. Insbesondere wird ein »gelbes Haus« erwähnt, in dem Gefangene angeblich getötet und deren Nieren entfernt worden seien. Ein Arzt begibt sich persönlich zu diesem Ort, um mehr herauszufinden. Er wird von einem Dolmetscher begleitet, der für das Internationale Tribunal arbeitet und später zum Minister für öffentliche Arbeiten in Albanien befördert wird. Bei ihren Nachforschungen werden sie entdeckt und müssen abbrechen.

Mit großer Mühe überzeugt der Arzt den Internationalen Strafgerichtshof, eine Inspektion in dem »gelben Haus« (das inzwischen weiß geworden ist) durchzuführen. Seine Aussagen sind interessant, denn sie zeigen deutlich, dass weder das Internationale Tribunal noch der amerikanische Vertreter in Pristina noch der albanische Staatsanwalt auch nur das geringste Interesse an einer Untersuchung der Angelegenheit haben. Es werden Proben entnommen und unter anderem auch ein Transfusionsbesteck, muskelentspannende Medikamente und Spritzen gefunden – alles Dinge, die der Bauer, dem das Grundstück gehörte, kaum benutzt haben kann. Der Dolmetscher, der später Minister wurde, leugnet alles, obwohl er eine Kopie der Akte mit den Angaben der Zeugen hat. Nichts geschieht.[7]

Die Affäre erregt enormes Aufsehen, und mehrere

Mitglieder der Parlamentarischen Versammlung des Europarats verlangen, dass der Fall so schnell wie möglich untersucht wird. Das Thema ist sofort Gegenstand einer heftigen Kontroverse: Die bloße Tatsache, einen Verdacht gegenüber der UÇK, den Befreiern des Kosovo, zu äußern und von serbischen Opfern zu sprechen, bedeutet, das einzig zugelassene Narrativ infrage zu stellen: auf der einen Seite die Guten, auf der anderen die Bösen, ohne Ausnahmen, ohne Nuancen.

Der Europäische Gerichtshofs für Menschenrechte

Ich möchte hier daran erinnern, dass der Europarat eine 1949 gegründete internationale Organisation ist, deren Ziel der Schutz der Menschenrechte, die Förderung der Demokratie und der Schutz von Minderheiten ist. Im Jahr 1950 wurde die Europäische Menschenrechtskonvention verabschiedet, in der insbesondere die Grundrechte des Menschen aufgeführt und beschrieben werden. Dies führte zur Einrichtung eines Europäischen Gerichtshofs für Menschenrechte, an den sich jeder Bürger der Mitgliedstaaten wenden kann, wenn er, nach Ausschöpfung der nach dem Recht seines Landes zur Verfügung stehenden Möglichkeiten, der Ansicht ist, dass seine Grundrechte verletzt wurden. Der Gerichtshof stellt somit die Judikative dar, während die Parlamentarische Versammlung das beschließende Organ ist, das sich aus den Delegationen der Mitglieder der nationalen Parlamente im Verhältnis zur Bevölkerung ihres jeweiligen Landes zusammensetzt. Die Exekutive besteht aus dem Ministerrat der Mitgliedsländer (vertreten durch ihre Botschafter in Straßburg) und verschiedenen Abteilungen, die dem Generalsekretär unterstellt sind und sich insbesondere mit der Ausarbeitung internationaler Konventionen zu allen möglichen Themen befassen. Der Generalsekretär und die Richter des Gerichtshofs (einer pro Mitgliedsland) werden von der Parlamentarischen Versammlung gewählt. Derzeit gibt es 47 Mitgliedstaaten (einschließlich der Russischen Föderation, die ihren Austritt angekündigt hatte, bevor sie aufgrund der Aggression gegen die Ukraine ausgeschlossen wurde). Für weitere Informationen: www.coe.int.

Dann geht es darum, einen Berichterstatter, ein Mitglied der Parlamentarischen Versammlung, zu ernennen, der einen Bericht mit Empfehlungen erstellt, der dem Plenum zur Abstimmung vorgelegt wird. Wie schon bei den Berichten über die CIA-Gefängnisse in Europa und die Menschenrechtslage in Tschetschenien und im Nordkaukasus gibt es keine spontanen Kandidaturen für die Untersuchung dieser Angelegenheit, die ebenfalls als *mission impossible* gilt. Und wie in den anderen Fällen wurde ich per Akklamation aus den üblichen Gründen ausgewählt: Schweizer, neutral, ein ehemaliger Richter mit Erfahrung in internationalen Untersuchungen, ein ehemaliger Berichterstatter für sehr heikle Berichte ... Mir war sofort klar, dass es ein sehr schwieriges Unterfangen sein würde und dass jede Wahrheit, die ans Licht kommt, heftige Kritik nach sich ziehen würde. Ich konnte jedoch nicht vorhersehen, was zwölf Jahre später geschehen würde.

Natürlich beschloss ich, in Begleitung von zwei Mitarbeitern nach Belgrad, Pristina und Tirana zu reisen, um mich mit Vertretern der Polit- und Justizbehörden, Nichtregierungsorganisationen und der Presse sowie mit einigen Persönlichkeiten aus der Kulturwelt zu treffen. Noch bevor ich überhaupt losgefahren war und eine einzige Zeile meines Berichts geschrieben hatte, begannen die Schwierigkeiten. Das lokale Büro des Europarats in Pristina sagt, es sei zu gefährlich (sie denken dabei an sich selbst und nicht an mich) und weigert sich, den Besuch mitzuorganisieren – wie es eigentlich sein sollte. Also tun wir es ohne sie. Fünf Schweizer Polizeibeamte begleiten uns nach Pristina. Um die Wahrheit zu sagen, habe ich keine besonderen Befürchtungen, denn es scheint mir offensichtlich, dass weder die kosovarischen noch die internationalen Behörden, die sich im Land aufhalten, das Risiko eingehen können, dass dem Berichterstatter des Europarats etwas zustoßen könnte.

In Belgrad verlaufen die Sitzungen reibungslos. Die Stadt ist belebt, viele junge Menschen überall, man spürt Lebenslust, trotz aller Schwierigkeiten. Der Sonderstaatsanwalt für Kriegsverbrechen, ein sehr überschwänglicher Charakter, der über offensichtliche Kommunikationsfähigkeiten verfügt, auch wenn er manchmal etwas theatralisch wirkt, zeigt uns mit einem gewissen Stolz einige Unterlagen, die er als Beweise gegen die UÇK ansieht. In Wirklichkeit ist es für uns unbrauchbares Material, weil es im Wesentlichen substanzlos ist. Die Begegnung, die mich am meisten beeindruckt, ist die mit den Angehörigen der Verschwundenen. Die Würde und Wärme, die diese trauernden Menschen an den Tag legen, ist bewegend, und auch wir können unsere Tränen kaum zurückhalten, als sie uns ihre Dankbarkeit dafür ausdrücken, dass wir extra gekommen sind, um sie anzuhören. Wir sind gerührt, aber auch etwas beklommen angesichts ihrer hohen Erwartung, dass unsere Arbeit zu klaren Ergebnissen führt. Ihre Trauer ist nicht nur auf das Verschwinden ihrer Angehörigen zurückzuführen, sondern auch auf die Tatsache, dass sie ihnen kein würdiges Begräbnis geben können: Nur dieses Ritual wird es ihnen ermöglichen, etwas Frieden zu finden in ihrer Trauer.

Ich hatte die gleiche Szene, das gleiche Gefühl in Grosny, Tschetschenien, erlebt und würde es einige Tage später in Pristina erleben. Die Trauer und der Kummer über das unbekannte Schicksal geliebter Menschen sind überall gleich, in jedem Land, unabhängig vom Glauben oder der politischen Überzeugung. Wenn ich an die Kosten internationaler Gerichtshöfe und Tribunale denke, an ihre sehr umstrittene, zumindest mittelmäßige Bilanz, dann sage ich mir, dass die Justiz die Opfer ernsthaft vernachlässigt und damit an einer ihrer wesentlichen Aufgaben scheitert.

Bilanz der Tribunale

Das Sondertribunal für Kambodscha, das unter der Schirmherrschaft der UNO steht, hat nach vierzehnjähriger Tätigkeit drei Verurteilungen ausgesprochen, die Gesamtkosten belaufen sich auf rund 360 Millionen Franken. Der Internationale Strafgerichtshof für das ehemalige Jugoslawien hat 83 Verurteilungen und 19 Freisprüche ausgesprochen; die jährlichen Kosten belaufen sich auf rund 150 Millionen Franken. Der Internationale Strafgerichtshof (IStGH), der seit 2002 tätig ist, hat nur fünf Personen verurteilt, allesamt Afrikaner. Das Jahresbudget des Strafgerichtshofs soll nun von 150 auf 180 Millionen Franken erhöht werden.

Ein Umdenken scheint mir notwendig und dringend, mit einer Wende hin zu einer opferorientierten Justiz und damit zu einer stärkeren Ausrichtung auf das Opfer, die Wiederherstellung der Beziehung zum Täter und die Anerkennung des verursachten Unrechts durch letzteren sowie die Wiedergutmachung für das erlittene Unrecht.

Die Sicherheitsmaßnahmen in Pristina sind beeindruckend. Wenn ich mich nach draußen begebe, bin ich von einem Dutzend Mitglieder der Präsidentengarde umgeben. Jedem Schritt, den ich mache, geht ein Konvoi voraus, der die gesamte Strecke abtastet. Vor meinem Hotelzimmer sind Soldaten stationiert, die durch Sandsäcke geschützt sind. Es ist klar, dass wir uns unter diesen Bedingungen darauf beschränken, die offiziellen Versionen der Institutionen aufzunehmen, was für uns nicht besonders nützlich ist. Wie bei der Untersuchung der geheimen CIA-Gefängnisse müssen wir andere, viel unauffälligere Mittel einsetzen, mit Ablenkungsmanövern und diskreten Treffen an unerwarteten Orten.

In Tirana erleben wir einen Moment, der irgendwo zwischen dem Komischen und dem Grotesken liegt. Zu unserer Überraschung werden wir von den höchsten Vertretern des Geheimdienstes empfangen. Wir fragen, ob sie Informationen über den Organhandel haben, der über den internationalen Flughafen von Tirana abgewickelt wird. Organhandel? »Nie davon gehört!«, antworten sie im Chor. »Entschuldigen Sie, meine Herren, aber lesen Sie denn keine Zeitungen?«, und mein Mitarbeiter legt mehrere albanische Zeitungen auf den Tisch mit Schlagzeilen, die von Gerüchten über Organhandel berichten, in die auch Albanien verwickelt sei. »Nein, nie gelesen«, antworten die Geheimdienstler. Mir ist klar, dass wir für dumm verkauft werden, ich verabschiede mich und wir gehen. In der Lobby des Gebäudes hängen vier große Flaggen: die mit dem Emblem des Geheimdienstes, die der Stadt Tirana und in der Mitte die von Albanien und – die der Vereinigten Staaten von Amerika!

Da wir von der Inspektion und den in dem berühmten »gelben Haus« entnommenen Proben wissen, bitten wir den Internationalen Strafgerichtshof, die vor Ort gesammelten Ergebnisse einem Sachverständigen vorzulegen. Doch schlimmer geht immer: Der Internationale Strafgerichtshof für das ehemalige Jugoslawien antwortet, sie hätten aufräumen müssen und daher hätten sie das Material entsorgt! Wir verstehen, dass unsere Untersuchungen verpönt sind, dass uns niemand auf offizieller Ebene helfen wird und dass alles getan wird, um unsere Ermittlungen zu sabotieren.

Wir finden andere Wege, verängstigte Zeugen, die erst sprechen, nachdem wir mit viel Geduld ihr Vertrauen gewonnen haben. Zu viele, die etwas wissen und gesehen haben, wurden eliminiert, darunter auch Zeugen, die vor Gericht hätten aussagen sollen. Dem Gericht ist es nicht gelungen, diese Zeugen zu schützen. Für die Richter und Anwälte waren diese Prozesse zweifellos eine sehr interessante Erfahrung, für einige von ihnen ein materieller Segen – nicht so für die Opfer und viele Zeugen.

Am 16. Dezember 2010 habe ich dem Ausschuss für Recht und Menschenrechte der Parlamentarischen Versammlung des Europarats einen Berichts- und Entschließungsentwurf vorgelegt. Nach ausführlicher Diskussion wird der vorgeschlagene Text einstimmig angenommen.

Es wurden schwerwiegende Anklagen gegen zahlreiche Persönlichkeiten erhoben, die mit dem Kosovo-Regime in Verbindung standen – einschließlich der Elite – wegen Gräueltaten gegen wehrlose Serben und albanischsprachige Personen, die der Komplizenschaft mit dem Feind beschuldigt wurden, nur weil sie innerhalb der Institutionen Serbiens arbeiteten, in Zeiten notabene, in denen Kosovo noch eine serbische Provinz war. Es wird auch darauf hingewiesen, dass Zeugenaussagen zu einigen wenigen Fällen der Ausfuhr von Nieren aus den Leichen ermordeter Serben gesammelt wurden, mit genauen Beschreibungen der Methoden und Orte. Der Abschlussbericht ist auf den 7. Januar 2011 datiert, trägt den Titel *Unmenschliche Behandlung und illegaler Handel mit menschlichen Organen im Kosovo* und wird dem Plenum der Parlamentarischen Versammlung zugeleitet.[8] Die Resolution wird mit 169 Ja- gegen 8 Nein-Stimmen angenommen (bei 14 Enthaltungen).

Wie man sich vorstellen konnte, erregte der Bericht internationales Aufsehen. Was viele schon seit einiger Zeit wussten oder vermuteten, steht nun schwarz auf weiß geschrieben, und Kosovos Nummer eins, Ministerpräsident Hashim Thaçi, wird ausdrücklich unter den mutmaßlich Verantwortlichen genannt. Die *Washington Post* vom 8. Januar 2011 schreibt, dass »die Amerikaner sich durch den Inhalt des Berichts des Europarats über das organisierte Verbrechen im Kosovo eigentlich verraten fühlen müssten, einem Land mit albanischer Mehrheit, das seine Existenz den Vereinigten Staaten verdankt«; verraten, gerade weil die US-Regierung so entscheidend zur Schaffung des neuen Kosovo beigetragen hat. Die Zeitung fügt hinzu, dass »der vom Schweizer Staatsanwalt Dick Marty verfasste Bericht die kosovarischen Führer beschuldige, abscheuliche Verbrechen begangen zu haben, sowie Anschuldigungen gegen amerikanische und europäische Diplomaten und UNO-Beamte im Kosovo enthält, über Unregelmäßigkeiten hinweggesehen zu haben, um die ›politische Stabilität‹ zu wahren. Die kosovarische Führung entfachte eine scharfe Medienkampagne, um Staatsanwalt Marty und seine Ergebnisse zu diskreditieren und drohten mit einer Hexenjagd auf Albaner, die bei der Untersuchung kooperierten. Washingtons Stimme ist jetzt gefragt, um die Aufwiegelung im Kosovo zu stoppen und die öffentliche Meinung in Richtung einer internationalen strafrechtlichen Untersuchung und, wenn nötig, einer strafrechtlichen Verfolgung zu lenken.« Und weiter: »Der Marty-Bericht greift nicht die Legitimität des Kosovo an. Viele, wenn nicht sogar die meisten Kosovo-Albaner wissen das sehr genau, sind aber zu verängstigt, um es öffentlich zu sagen. Zum einen, weil Gewalt und Korruption im Kosovo weit verbreitet sind, und zum anderen, weil Ministerpräsident Hashim Thaçi und andere führende Politiker des Landes den Bericht sofort als Angriff auf die Souveränität des kosovarischen Staates, das albanische Volk und das Erbe der UÇK verurteilt haben.«

Vor allem die *Washington Post* weist auf einen wichtigen Punkt hin, den nur wenige andere bemerkt haben oder bemerken wollten. Es ist eine sehr ernste Aussage und von großer Bedeutung für das Verständnis dessen, was einige Jahre später geschehen sollte: Sobald der Inhalt des Berichts bekannt wurde, drohte Thaçi öffentlich damit, die Namen der Albaner zu nennen, die mit mir zusammengearbeitet hatten. Die Zeitung kam zu dem Schluss, dass eine solche Äußerung »in einem Land, in dem Zeugen von Verbrechen getötet werden, um sie zum Schweigen zu bringen, Thaçis Worte zu Angriffen gegen Angehörige von Minderheiten, politische Gegner, Journalisten und Ausländer anstiften könnten«. Marty eingeschlossen, obwohl er nicht ausdrücklich genannt wird.

Thaçi selbst, Ministerpräsident des Kosovo, nennt mich einen Goebbels, ein Beiname, den er von seinem albanischen Kollegen Sali Berisha aufgegriffen hat, der seinerseits hinzufügt, ich sei ein Rassist. Sie organisieren auch Demonstrationen gegen mich. Wenn man ihre verschiedenen Erklärungen liest, wird klar, dass sie den Bericht und die Entschließung nicht einmal gelesen haben.

Der Bericht ist weder ein polizeiliches Dokument noch eine Anklageschrift und noch weniger ein Urteil. Der Berichterstatter der Parlamentarischen Versammlung des Europarats ist nicht befugt, gerichtliche Ermittlungen durchzuführen und verfügt nicht über die klassischen Ermittlungsinstrumente der befugten Behörden, geschweige denn über deren Zwangsmittel. Ihre Aufgabe ist es, in den Mitgliedsstaaten des Europarats zu untersuchen, ob es Verstöße gegen die Europäische Menschenrechtskonvention gibt. Die Mitgliedsstaaten sind verpflichtet, ihn bei seinen Ermittlungen zu unterstützen. In den heikelsten Fällen – wie bei Kosovo oder den CIA-Gefängnissen – wurde dieser Grundsatz eklatant missachtet, auch und vor allem, um die undurchsichtige Rolle oder gar Mitschuld der staatlichen Institutionen zu vertuschen. In der von der Versammlung verabschiedeten Resolution wird auch ausdrücklich eine gerichtliche Untersuchung gefordert. Die internationale Gemeinschaft, die zu viele Jahre lang so getan hat, als würde sie nichts sehen und sich an das offizielle Narrativ gehalten hat, muss sich widerwillig mit einem neuen Narrativ abfinden. Der Bericht stört eine Stille, die von den internationalen Behörden, die den Kosovo de facto kontrollieren, gewünscht wird, und denen nicht entgangen sein kann, dass ein dauerhafter Friede und eine Aussöhnung einen schmerzhaften, aber notwendigen Prozess der Wahrheitsfindung erfordern.

Mir wird unter anderem vorgeworfen, ein entschiedener Gegner der einseitigen Unabhängigkeit des Kosovo zu sein. Die Realität ist ganz anders. Ich war in jenen Jahren Vorsitzender der außenpolitischen Kommission des Ständerats und das Thema der Schweizer Anerkennung des Kosovo war auf der Tagesordnung. Die Vorsteherin des Eidgenössischen Departements für auswärtige Angelegenheiten (EDA), Micheline Calmy-Rey, will eine sehr schnelle Entscheidung: Wir müssen neben den Vereinigten Staaten die Ersten sein, die diese Provinz als unabhängiges Land anerkennen, trotz des Widerstands Serbiens. Ich beschließe, eine weitere Meinung einzuholen, nämlich die eines Spezialisten für Völkerrecht – auch weil ich, offen gesagt, weder die Eile noch die Euphorie verstehe, welche die EDA-Vorsteherin zu beseelen scheint.

Marcelo Kohen, Professor für Völkerrecht am Hochschulinstitut für internationale Studien und Entwicklung in Genf, den ich befrage, ist der Meinung, dass die selbsternannte Unabhängigkeit gegen die Grundsätze des Völkerrechts verstößt. Andere vertreten andere Positionen. Meine ist weniger juristisch als vielmehr politisch: Kosovo hat eine chaotische Zeit hinter sich und ist noch nicht aus ihr herausgekommen. Institutionen gibt es nicht mehr, ebenso wenig wie eine echte Zivilgesellschaft. Die Unabhängigkeit ist gut, aber diese muss vorbereitet werden, zum Beispiel mit einer internationalen Verwaltung unter der Schirmherrschaft der UNO.

Die Diskussion ist so hitzig, dass es in einer späteren Kommissionssitzung, in der wir über unsere Position entscheiden müssen, zu einem sehr bedeutsamen Ereignis kommt, an das mich erst kürzlich ein Kollege erinnert hat, der zu diesem Zeitpunkt anwesend war. Ich werde auf der Straße durch einen Verkehrsunfall aufgehalten und bitte telefonisch darum, die Kosovo-Diskussion bis zu meiner Ankunft zu verschieben. Calmy-Rey weigert sich vehement, und der stellvertretende Kommissionsvorsitzende gibt nach. Warum so viel Ungeduld?

Mit der selbst ausgerufenen Unabhängigkeit des Kosovo wird die institutionelle Situation in dem Land sehr komplex. Einerseits erkennt Serbien die Unabhängigkeit nicht an und betrachtet den Kosovo immer noch als integralen Bestandteil seines Territoriums. Mehrere Länder, darunter auch Mitglieder der Europäischen Union, erkennen die Unabhängigkeit des Kosovo nicht an. Der Kosovo ist daher noch kein vollwertiges Mitglied des Europarates oder der UNO. Andererseits gibt es, ohne ins Detail zu gehen, verschiedene internationale Gremien[9] im Land, die dem Land helfen zu funktionieren und die daher seine Autonomie bis zu einem gewissen Grad einschränken.

Als ich in Begleitung von zwei Mitarbeitern auf den Hügel stieg, auf dem sich die große US-Botschaft befindet, um mit dem Botschafter über die Lage im Land zu sprechen, hatten wir das deutliche Gefühl, mit jemandem zu sprechen, der sich als Herr dieses Landes betrachtet. Eine der Hauptverkehrsadern von Pristina ist der Bill-Clinton-Boulevard, auf dem eine drei Meter hohe Statue des ehemaligen amerikanischen Präsidenten aufgestellt wurde. Eine weitere Straße in der Stadt ist George W. Bush gewidmet. Im Kosovo, nahe der mazedonischen Grenze, haben die USA außerdem eine riesige hypertechnologische Militärbasis mit über dreihundert Gebäuden errichtet, die über alle Einrichtungen einer amerikanischen Stadt verfügt. Niemand glaubt, dass der Militärkomplex von »Camp Bondsteel« dazu dient, die kosovarische Bevölkerung zu schützen.

Es ist sicher kein Zufall, dass Russland sich auf den Präzedenzfall der Unabhängigkeit des Kosovo berief und an den amerikanischen Militäraufmarsch erinnerte, der immer näher an seine Grenzen herangerückt war, als es 2014 unter den uns bekannten Umständen die Krim annektierte. Andererseits muss man sich fragen, warum eine solche Mobilisierung zugunsten der Unabhängigkeit des Kosovo – deren Ziel ich voll und ganz zustimme, nicht aber dem Vorgehen – nicht auch zugunsten Palästinas stattgefunden hat, trotz mehrfacher Resolutionen zur Verurteilung Israels durch die UNO-Generalversammlung.

Waren es früher die Serben, die die albanischsprachigen Kosovaren diskriminiert hatten, so ist es jetzt die serbische Minderheit im Kosovo, die diskriminiert wird. Ein Problem, das vielleicht hätte gelöst werden können, wenn weniger überstürzt gehandelt worden wäre. An der Spitze des Staates hat sich eine politische Klasse durchgesetzt, die größtenteils eine zwielichtige Vergangenheit hat, worauf im Übrigen die Polizei und die Geheimdienste verschiedener Länder schon lange hingewiesen haben. Aber, wie Albright sagte: »The past is the past, we've to look forward!« (Die Vergangenheit ist Vergangenheit, wir müssen nach vorne schauen!) Unter diesen prominenten Kosovaren sind auch diejenigen, die jetzt wegen Verbrechen gegen die Menschlichkeit angeklagt sind.

Im Kosovo und in Serbien habe ich außergewöhnliche Menschen getroffen. Die Menschen auf beiden Seiten wünschen sich nichts sehnlicher, als in Frieden zu leben.

Leider blüht das organisierte Verbrechen in den beiden Ländern und die jungen Menschen des Kosovo verlassen es massenhaft, weil sie nicht an seine Zukunft glauben, während viele Serben sich radikalisieren, indem sie immer mehr Sympathie für Putins Russland empfinden. Die am besten Ausgebildeten wollen das Land auch verlassen und verschaffen sich durch verschiedene Tricks bulgarische Pässe, um in der Europäischen Union und der Schweiz leben und arbeiten zu können.

Fünfzehn Jahre nach der Unabhängigkeit des Kosovo von 2008 ist die Bilanz deprimierend. Ich empfinde Traurigkeit – und auch viel Wut – für die Menschen, die eine andere politische Klasse verdient haben, eine bessere als die, der sie in den letzten Jahren ausgesetzt waren und die leider mithilfe zynischer westlicher Führer, die sich als Zauberlehrlinge aufspielten, aufgebaut wurde. In Bosnien und Herzegowina war es nicht besser. Und natürlich haben die Russen dies ausgenutzt, um Zwietracht zu säen. Wie im Irak wurden die Bombardierungen durch die westlichen Alliierten damit gerechtfertigt, dass man ein demokratisches Regime errichten wolle. Als ob aus den Bombenkratern, zerstörten Häusern und massakrierten Zivilisten auf magische Weise eine Demokratie entstehen könnte. Die Gründe für diese Interventionen – die die Waffenhändler und ihre Aktionäre erfreuten – waren in Wirklichkeit ganz anderer Natur. Wann werden wir begreifen, dass Demokratie durch Vorbild entstehen und nicht durch Heuchelei erzwungen werden kann?

Die internationale Gemeinschaft, die dem Kosovo zur Seite steht, sah sich daher 2011 gezwungen, mit Clint Williamson einen Sonderstaatsanwalt zu ernennen, einen Diplomaten mit umfassender Erfahrung in der nationalen und internationalen Justiz und Kenntnis der Region. Der Staatsanwalt, der von vierzig Spezialisten aus verschiedenen Ländern unterstützt wurde, hatte die Aufgabe, eine strafrechtliche Untersuchung durchzuführen, nachdem es ernsthafte Hinweise auf Verbrechen der UÇK gab, die nicht vom Internationalen Strafgerichtshof für das ehemalige Jugoslawien verfolgt wurden.

Dayton

Das Abkommen von Dayton (das 1995 auf einer US-Militärbasis in Ohio geschlossen wurde) beendete zwar den Krieg in Bosninen und Herzegowina, schuf aber einen Staat unter internationalem Schutz, der so konzipiert ist, dass er unter einem permanenten Spannungszustand, einem verschärften Nationalismus und einer weit verbreiteten Korruption leidet. Es handelt sich nicht um eine Demokratie, sondern um eine Ethnokratie, da der Staat in drei Einheiten (serbisch, muslimisch und kroatisch) aufgeteilt wurde, die jeweils externe Sponsoren und Agitatoren haben (Russland und Serbien, Kroatien, muslimische Länder). In einem solchen System kann zum Beispiel ein Jude in keiner der drei Republiken eine Führungsposition innehaben, was bereits mehrfach vom Europäischen Gerichtshof für Menschenrechte kritisiert wurde.

Auf einer Pressekonferenz in Brüssel am 29. Juli 2014 verkündete Williamson die ersten Schlussfolgerungen der Untersuchung: »Die Personen, gegen die ermittelt wird, waren alle an der Spitze der UÇK-Militärhierarchie. [...] Ich denke, unsere Schlussfolgerungen stimmen mit denen des Marty-Berichts überein.« Der Staatsanwalt fügte hinzu, dass er sich in einer absolut beispiellosen Situation befand. Er war bereit, mehrere Personen anzuklagen, aber da es immer noch kein Gericht für formale

Entscheidungen gab, konnte er nicht weitermachen! Nun, ich vermute, dass Williamson nach den Absichten der internationalen Gemeinschaft nicht die nötigen Beweise gefunden hatte und somit alles in den Rahmen der offiziellen Erzählung gefallen war. Weg mit dem Marty-Bericht, und alles ist wieder gut. Aber die Wahrheit ist respektlos, sie erfrecht sich, etwas zu tun oder zu sagen.

In diesem gleichen Jahr 2014 ergab sich mir ein weiterer Beweis für die Frechheit der Wahrheit – ich erwähne es zugegebenermaßen mit einer gewissen Genugtuung. In den Jahren 2006 und 2007 hatte ich, wiederum im Auftrag des Europarats, zwei Berichte über geheime CIA-Gefängnisse in Europa erstellt. Ich hatte die Entgleisungen der Anti-Terror-Politik der Bush-Regierung detailliert beschrieben, an denen viele westliche Demokratien beteiligt waren: Entführungen, außergerichtliche Überstellungen von Verdächtigen, Folter, Inhaftierungen ohne Beweise.[10] Um Himmels willen! Man warf mir vor, Romane zu schreiben, die amerikanische Demokratie zu verunglimpfen, krank vor Ehrgeiz zu sein. Eine der populärsten Zeitschriften der Schweiz widmete mir ihre Titelseite mit der Schlagzeile: »Alle gegen Marty!«

Ja, selbst hochrangige Schweizer Politiker waren nicht nur unkooperativ mit dem Berichterstatter des Europarats, sondern sie konnten ihre Unzufriedenheit kaum verbergen, als sie sahen, dass es einem Schweizer Abgeordneten gelungen war, die Beziehungen zu dem Freund von jenseits des Atlantiks zu stören, der die

Macht hatte, unser Bankensystem zu schützen und uns einen Sitz im Sicherheitsrat zu verschaffen. Ich glaube, ich war nie einsamer als in dieser Situation. Jahre später bestätigte ein Ausschuss des US-Senats unter dem Vorsitz von Senatorin Dianne Feinstein voll und ganz, was ich in meinem Bericht beschrieben hatte, und kam zu den gleichen Schlussfolgerungen: Die illegalen Mittel, die eingesetzt worden waren, hatten nicht nur bei der Terrorismusbekämpfung versagt, sondern sich als kontraproduktiv erwiesen.[11]

Februar 2023: Ghassan al-Sharbi, ein saudi-arabischer Diplomingenieur von der Prescott Aeronautical University in Arizona, wurde in sein Land zurückgebracht, nachdem er ohne Beweise für eine Schuld, ohne einen

Guantánamo

In Kuba gibt es zwei unerträgliche Skandale: die längste Wirtschaftsblockade in der Geschichte, die die Bevölkerung hart trifft (eine Blockade, die jedes Jahr fast einstimmig von der UN-Generalversammlung verurteilt wird – nur Israel und die Vereinigten Staaten stimmten dagegen, einmal, unter Präsident Obama, enthielten sich die USA der Stimme), und die amerikanische Militärbasis in Guantánamo, ein echtes schwarzes Loch, ein Symbol der Unrechtmäßigkeit und der eklatanten Verletzung der allgemein anerkannten Grundrechte. Missbräuche, die von einem Land begangen werden, das als große Demokratie gilt. Wie kann man so den Rest der Welt davon überzeugen, dass die Demokratie das beste System ist, um Gerechtigkeit und Wohlstand für die gesamte Bevölkerung zu gewährleisten?

In ihrem letzten Bericht von Ende Juni 2023 bezeichnet die Sonderberichterstatterin für die Förderung und den Schutz der Menschenrechte und Grundfreiheiten bei der Bekämpfung des Terrorismus Fionnuala D. Ní Aoláin die Behandlung der verbleibenden Gefangenen in Guantánamo als »grausam, unmenschlich und erniedrigend«.

echten und fairen Prozess, zwanzig Jahre in Guantánamo eingekerkert war; er erhielt keinen Dollar Entschädigung und natürlich kein Wort der Entschuldigung. In der US-Militärbasis auf kubanischem Territorium werden immer noch etwa dreißig Gefangene illegal festgehalten. Darunter ist auch der Jemenit Toffiq al-Bihani, der in Afghanistan entführt und gefoltert wurde und seit 2003 in der Militärbasis Guantánamo inhaftiert ist. Seit zwölf Jahren ist seine Unschuld bewiesen, doch er wurde nicht freigelassen. Im Gegensatz zu den Regierungen Obama und Biden hat die Trump-Regierung die Freilassung von Gefangenen (auch von offensichtlich unschuldigen) praktisch eingestellt, obwohl das Internationale Rote Kreuz das dringlich gefordert hat.[12]

Doch zurück zum Kosovo. Nach den sensationellen Enthüllungen von Clint Williamson sollte ein Tribunal eingerichtet werden, um die schwerster Verbrechen Angeklagten vor Gericht zu stellen. Ankläger Williamson geht jedoch und wird später durch zwei andere Amerikaner ersetzt. Es vergehen sechs Jahre, bis endlich Anklage wegen Kriegsverbrechen und Verbrechen gegen die Menschlichkeit erhoben wird. Mehr als zwanzig Jahre nach der Tat. Unter den Angeklagten war auch der Präsident des Kosovo, Hashim Thaçi, der zum Rücktritt gezwungen und in Den Haag inhaftiert wurde. Der Staatsanwalt, der die Anklage erhoben hat, erklärte, dass es keine ausreichenden Beweise für den Organhandel gebe. In meinem Bericht hatte ich bereits darauf hingewiesen, dass es in sehr wenigen Fällen Beweise gibt (etwa in dem Fall, in dem einer der Zeugen ausgesagt hat, dass er persönlich daran beteiligt war). Auch Clint Williamson hatte auf der Pressekonferenz bestätigt, dass es nur wenige Beweise gibt, und darauf hingewiesen, dass die Beweislage für Organhandel heikel sei.

Dass aber der Organhandel auch in dieser Region eine Realität war, zeigte die Affäre in der Medicus-Klinik in Pristina. Auf dem Flughafen der kosovarischen Hauptstadt wurde einem schwer kranken Menschen geholfen, der, wie sich herausstellte, gerade eine Niere für 2000 Dollar an die Medicus-Klinik verkauft hatte. Organhandel direkt vor der Nase der im Lande anwesenden internationalen Kräfte.

Dass aber die Beweislage schwierig ist, darf nicht überraschen: Wer wäre bereit, mehr als zwanzig Jahre nach den Ereignissen vor einem Gericht auszusagen und gleichzeitig seine eigene Verantwortung anzuerkennen, wo er sich doch vielleicht gerade ein neues Leben aufgebaut hat? Mit uns hatte der eben erwähnte Zeuge gesprochen, auch weil er von Reue gepackt war, und mit der absoluten Garantie, dass wir seinen Namen niemals ohne seine ausdrückliche Zustimmung nennen würden.

Im Herbst 2020 gingen in Albanien und im Kosovo die Medienkampagne gegen den Schweizer Marty wieder los. Er wurde beschuldigt, die Unwahrheit geschrieben zu haben, er sei der Architekt eines perversen Komplotts. Das ist mehr oder weniger das, was der albanische Ministerpräsident dem UNO-Tribunal und der Parlamentarischen Versammlung des Europarats erzählt hatte. Wie die anderen auch vergaß er einfach zu erwähnen, dass die in Den Haag inhaftierten ehemaligen UÇK-Kader auf Anordnung eines unabhängigen Gerichts verhaftet und von US-Anklägern wegen Verbrechen gegen die Menschlichkeit angeklagt wurden. Und damit hatte Marty nichts zu tun.

All dies geschah kurz vor dem Anruf des Polizeikommandanten. Später, als ich mehr über die Details der Geschichte hinter diesem Anruf erfuhr, die das tägliche Leben meiner Familie so stark prägte, kam mir eine Episode in den Sinn: Es ist November, vielleicht schon Dezember; ich mache den üblichen Spaziergang mit meinen beiden Hunden, sechs Kilometer durch Kastanien-, Buchen- und Kiefernwälder, kleine Täler, Bäche, alte Wiesen. Ausnahmsweise mache ich einen Umweg, da ich nicht weit von zu Hause entfernt bin. Kurz darauf treffe ich jemanden, den ich nicht kenne und dessen Anwesenheit an diesem Ort und zu dieser Jahreszeit sehr ungewöhnlich ist. Von diesem Punkt aus kann man den letzten Teil meiner üblichen Route von oben sehen. Ich kenne die wenigen Menschen, die den Weg in dieser Jahreszeit gehen – übrigens alle, um ihre Hunde auszuführen.

Ich grüße den Unbekannten, der mit einer Art Grunzen antwortet, er schaut mich nicht an, er ist ausweichend, aber im Moment beunruhigt mich das nicht. Laska, die alte Hündin, reagiert seltsam, knurrt und ihr Fell steht auf. Sie mag den Mann nicht, während sie normalerweise nicht auf Menschen reagiert, die sie trifft. Ich führe die Reaktion auf ihr Alter und die Schmerzen durch ihre Arthrose zurück. Heute fürchte ich, dass Laska die Situation sofort verstanden hat, besser als ihr pensioniertes Ermittlerherrchen.

IV Ein perverser Plan

Um uns herum und überall auf der Welt passieren zu jeder Zeit Dinge, die so schwerwiegend und schrecklich sind, dass ich mich nur als privilegiert betrachten kann. So gesehen, wäre es kaum angebracht, zu erzählen, was mir widerfahren ist. Wenn ich mich entschlossen habe, es dennoch zu tun, dann deshalb, weil ich das Gefühl habe, dass der Fall weit über meine Person hinausweist. Ein Beispiel, das ein Phänomen illustriert, das sicherlich nicht neu ist, aber immer besorgniserregendere Ausmaße annimmt. Eine weitere Manifestation einer vielschichtigen Bewegung, die darauf abzielt, diejenigen zum Schweigen zu bringen, die unbequeme Wahrheiten suchen und aufdecken, die die Pläne krimineller Gruppen durchkreuzen, die Licht in die undurchsichtigen und verlogenen Mechanismen bringen, auf denen bestimmte Machtzentren beruhen.

Es scheint, dass sogar die staatlichen Institutionen gegenüber Andersdenkenden intoleranter geworden sind, und manchmal scheinen sie dies zu rechtfertigen, indem sie sich auf die Werte der Demokratie und die

Grundrechte der Bürger berufen. Es werden immer tausend Gründe angeführt, um die Stimme der Wahrheit zum Schweigen zu bringen: das Staatsgeheimnis, die Interessen der multinationalen Konzerne, Arbeitsplätze, die das Wohlergehen des Landes sichern, die Notwendigkeit, die soziale Stabilität und den inneren Frieden zu bewahren. Oder, einfacher gesagt, man tut es, um sich an der Macht zu halten, ohne allzu viele Erklärungen abgeben zu müssen. Kurz gesagt, am Ende erfindet man immer ein übergeordnetes Interesse, das die Wahrheitsfindung unter sich begräbt.

Im Namen dieser angeblichen Werte wird eine Kultur der Diskretion und der Geheimnistuerei gefördert, die dann in einen Imperativ des Einheitsdenkens und der Gleichgültigkeit mündet – zum Nachteil der Demokratie und der Freiheiten der Bürgerinnen und Bürger. Bekannt und treffend ist die Warnung von Liliana Segre, italienische Holocaust-Überlebende, Unternehmerin und Senatorin auf Lebenszeit: »Ich habe Angst vor dem Verlust der Demokratie, denn ich weiß, was Nicht-Demokratie ist. Die Demokratie geht langsam zugrunde, in allgemeiner Gleichgültigkeit, weil es bequem ist, keine Partei zu ergreifen, und es gibt immer die, die am lautesten schreien und die Leute sagen: Der wird sich schon kümmern«.[13] Relevant und hochaktuell. Wir werden darauf zurückkommen, nicht zuletzt, weil die Schweiz keineswegs vor einer regressiven Dynamik geschützt ist, der inzwischen alle Demokratien ausgesetzt zu sein scheinen.

Ein paar Tage vor Weihnachten ändert sich unser Alltag plötzlich. Wir können nicht mehr ausgehen, wie und wann wir wollen, und vor allem nicht mehr allein. Seit fast fünf Monaten wird das Haus Tag und Nacht von bewaffneten Agenten besetzt, jede Bewegung draußen wird überwacht. Ich bin immer noch erstaunt, wie schnell und mit welcher relativen Gelassenheit wir diese brutale Veränderung unseres Alltags erlebt haben. Wir mussten uns sofort in jeder Hinsicht komplett anders verhalten, was für uns erstaunlich rasch zu einer neuen Normalität wurde – mit Resignation, aber ohne Panik und, wenn ich es recht bedenke, ohne Groll. Erst später, aus anderen Gründen, verspürte ich einen echten Zorn. Und zwar nicht so sehr auf die Kriminellen.

Die Menge an Sicherheitsleuten und technischen Mitteln macht eines deutlich: Die Bedrohung wird als äußerst ernst eingeschätzt und die Polizei verfügt offenbar über sehr zuverlässige Informationen. Laut dem Teamverantwortlichen wäre es sogar besser, zu verschwinden, das Haus zu verlassen und sich an einem geheimen Ort aufzuhalten. Das kommt für mich überhaupt nicht infrage. Wenn es schon eine Bedrohung gibt, ist es besser, wenn sie real wird und man sich darum kümmern kann, sie zu neutralisieren. So ist unser Haus fast fünf Monate lang Tag und Nacht von bewaffneten Agenten besetzt, während andere draußen patrouillieren. Im ersten Monat handelt es sich um Agenten der Sonderdienste der Armee, deren Einsatz ausdrücklich vom Bundesrat genehmigt wurde (der seit Dezember 2020 über die Angelegenheit informiert ist). Der Einsatz von Agenten der Armee für einen längeren Zeitraum als einen Monat erfordert die Genehmigung des Bundesparlaments; darauf wurde jedoch verzichtet, weil es nötig war, die Operation sehr diskret umzusetzen. So wurden in den darauffolgenden Monaten Agenten aus den Polizeikorps mehrerer anderer Kantone eingesetzt. Letztendlich wird der Großteil der Arbeit von der Tessiner Polizei mit großer Kompetenz und Einfühlungsvermögen erledigt.

Die Militärs waren sehr streng in der Umsetzung der Weisungen. Sie waren diejenigen, die die Haustür öffneten, die die Post abholten und sich nach jeder Person erkundigten, die in der Nähe vorbeikam. Den Bewohnern unseres Bergdorfes blieb die Anwesenheit bewaffneter Agenten und der Geleitschutz natürlich nicht verborgen. Dinge, die man noch nie zuvor gesehen hatte, so sehr, dass es zunächst Leute gab, die glaubten, es würde eine Fernsehserie gedreht.

Es mangelt nicht an Szenen, die auch komisch sind, zum Beispiel wird ein Mann (auf Deutsch!) barsch angesprochen, weil er mit einer Kamera am Haus vorbeigeht. Ein anderes Mal meldet ein Bewohner den Einbruch in ein unbewohntes Bauernhaus. Es werden Kontrollen durchgeführt. Die Tür ist tatsächlich aufgebrochen und ein Fenster von der Begrünung befreit worden. Die Beamten stellen fest, dass man von dieser Öffnung aus die Terrasse meines Hauses sehen kann. Ein idealer Standort für einen Scharfschützen. Das forensische Team trifft ein, und mehrere Beamte befragen die gesamte Dorfbevölkerung. Ein paar Tage später tritt ein Herr, dem es sichtlich unangenehm ist, an einen Polizisten heran, um ihm zu sagen, dass er und seine Frau die Tür aufgebrochen haben: Sie waren auf der Suche nach ihrer verschwundenen Katze und befürchteten, dass sie sich in das Haus geflüchtet hatte und nicht mehr wusste, wie sie herauskommen sollte!

Jedes Mal, wenn ich rausgehe, wird das Ganze von akribischen Kontrollen begleitet und erfordert die Mobilisierung eines großen Dispositivs. Sogar die Orte, an die ich gehen muss, werden sorgfältig überprüft. Ich muss zwei Tage im Krankenhaus bleiben, und vor der Zimmertür stehen drei Agenten. Im Krankensaal halten sie mich sicher für einen gefährlichen Kriminellen. Ich erzähle diese Tatsachen (und lasse so viele Details weg, die in bestimmten Fernsehserien zu sehen sein könnten), sicher nicht, um zu dramatisieren oder, schlimmer noch, um mich wichtig zu machen. Ich tue dies, um zu zeigen, wie ernst die Bedrohung von den Bundesbehörden eingeschätzt wurde, und um die Professionalität der Strafverfolgungsbehörden hervorzuheben. Und vor allem, um zu betonen, wie glücklich man sich schätzen kann, in einem Land zu leben, in dem die Institutionen in der Lage sind, Bürgerinnen und Bürger zu schützen, die sich in ernster Gefahr befinden.

Ich kann Natalia Estemirova, die Leiterin von Memorial in Tschetschenien, nicht vergessen, die ich gerade treffen wollte, als sie 2009 ermordet wurde, weil sie es gewagt hatte, unbequeme Wahrheiten auszusprechen. Memorial ist die wichtigste Menschenrechtsorganisation Russlands. Sie wurde 2022 mit dem Friedensnobelpreis ausgezeichnet und prompt von Putin aufgelöst und verboten; er beschuldigte sie, aus dem Ausland finanziert zu werden (ein Vorwand, der von praktisch allen Diktaturen verwendet wird, um die Arbeit von NGOs zu unterbinden). Memorial setzt seine Aktivitäten im Ausland fort. Oder Floribert Chebeya Bahizire, einen kongolesischen Menschenrechtsaktivisten, mit dem ich einige Wochen vor seiner Ermordung im Jahr 2010 in Kinshasa mehrere Stunden lang gesprochen hatte. Niemand hat sie beschützt. Und wie vielen anderen erging es wie ihnen!

Mit dem Kommen und Gehen von Menschen aus den vier Ecken des Landes bei mir zu Hause entstehen neue Bekanntschaften, neue Diskussionen, neue Gewohnheiten. Unsere Kaffeemaschine muss eine barähnliche Leistung erbringen. Das Zusammenleben zwischen denjenigen, die als bedroht gelten, und den Polizisten, die sich abwechseln, kann auch zu Spannungen und Konflikten führen und den ohnehin schon vorhandenen Stress der Ausnahmesituation noch verstärken; deshalb waren unter den Besuchern auch zwei Psychologen. So aufmerksam und professionell ist unsere Polizei.

In Wirklichkeit lief alles sehr gut und die zwischenmenschlichen Beziehungen zu unseren »Besetzern« und Betreuern waren positiv, mit einem interessanten und bereichernden Austausch auf menschlicher Ebene. Als ich Staatsanwalt war, hatte ich täglich und intensiv mit der Polizei zusammengearbeitet, Justizvollzug an der Polizeischule unterrichtet und sogar mit meinem Hund an den Trainingsübungen der Polizeihundegruppe teilgenommen. Es war eine hervorragende Zusammenarbeit. Jahrzehnte später konnte ich die enormen Fortschritte sehen, die unsere Polizeikräfte in Bezug auf die technische und menschliche Ausbildung gemacht haben; ich bin mir nicht sicher, ob die Justiz in gleichem Maße Fortschritte gemacht hat. Nach den neuesten Erkenntnissen des Bundesamts für Statistik ist die Polizei die Institution, der die Bevölkerung am meisten vertraut, noch vor der Justiz, der Politik und den Medien. Eine umfangreiche ETH-Studie (»Sicherheit 2023«) bestätigt dies. Das Vertrauensverhältnis zwischen Bürgerinnen und Bürgern und der Polizei ist ein wesentliches Element im Kampf gegen die Kriminalität. Die Studie ist auch deshalb interessant, da die Ergebnisse nicht unbedingt mit der Wahrnehmung übereinstimmen, die von den Medien und den sozialen Netzwerken vermittelt wird.

Fast anderthalb Jahre lang wurde ich jedes Mal begleitet, wenn ich das Haus verließ, selbst bei einem einfachen Spaziergang im Wald. Während dieser ganzen Zeit wurde der Schutzgrad auf Stufe vier gehalten (von fünf; fünf bedeutet Untertauchen). Eine so umfangreiche und lang andauernde Schutzmaßnahme ist in unserem Land beispiellos. Mir wurde gesagt, dass ein solcher Schutzgrad in der Vergangenheit höchstens fünf oder sechs Tage lang angewandt wurde, etwa als US-Außenminister John

Kerry an einer internationalen Konferenz am Ufer des Genfersees teilnahm. Natürlich bin ich weder der erste noch der letzte, der unter Schutz leben muss. Ich kenne mehrere italienische Richter, die jahrelang unter Schutz standen. Ich denke da an Armando Spataro oder Gian Carlo Caselli, die an vorderster Front gegen Terrorismus und die Mafia kämpften. Es gibt jedoch einen sehr bedeutenden Unterschied, vor allem auf psychologischer Ebene: Die Untersuchungsrichter, die unter Schutz stehen, kennen die Situation genau, sie sind auch diejenigen, die die Ermittlungen weiterführen. In meinem Fall bin ich nur ein Opfer, ohne die Möglichkeit, Entscheidungen zu treffen, nur teilweise und schlecht informiert – eine aufgezwungene Passivität, die ein Gefühl der Frustration erzeugen kann. Man weiß nicht, wer was gegen einen im Schilde führt.

»Balkan« war meine erste Vermutung, die einsilbig bestätigt wurde. Lange Zeit weiß ich nur das. Ich stelle mir ein paar Szenarien vor. Natürlich führt die zeitliche Nähe mit der Verhaftung des kosovarischen Präsidenten und den Angriffen in der albanischen Presse zu scheinbar naheliegenden Schlussfolgerungen. Noch bevor ich von der Ermittlungsbehörde informiert werde, erfahre ich, dass der kriminelle Plan viel komplexer ist, als ich gedacht hätte. Vor allem ist er perverser. Ich bin nicht das Ziel der Operation, ich bin nur das Instrument für ein ganz anderes Ziel. Eine Gruppe nationalistischer und radikalisierter Krimineller, Serben, die wahrscheinlich Rückendeckung bei Polizei und Geheimdiensten haben, wollen den Berichterstatter des Europarats ermorden, der die Eröffnung eines internationalen Strafverfahrens wegen Kriegsverbrechen gegen den Präsidenten des Kosovo und einige wichtige Vertreter der UÇK-Führung initiiert hat. Nach den wiederholten Anschuldigungen des albanischen Premierministers würde jeder denken, dass die Schuldigen einer solchen Tat nur aus Kreisen kommen können, die den angeklagten Kosovaren sehr nahe stehen und damit ihre Position weiter kompromittieren. Der Plan, so höre ich weiter, sei in einem fortgeschrittenen Stadium der Ausführung, und die Waffen befänden sich bereits in der Schweiz. Höchste Alarmstufe also.

V Die Pandemie, unerwarteter Lackmustest

Frühling 2020. Eines schönen Morgens, bei klarem Himmel, trauen die Einwohner von Punjab ihren Augen nicht, es scheint wie ein Wunder: Sie sehen das Himalaja-Gebirge in der Ferne. Die Älteren hatten nur eine entfernte Erinnerung daran, die Jungen (die Mehrheit der Bevölkerung) hatten es noch nie gesehen. Sie sind erstaunt. Seit dreißig Jahren haben der Fortschritt – oder das, was wir Fortschritt nennen – und die daraus resultierende Umweltverschmutzung die Berge, die einst die Kulisse der Region bildeten, ausgelöscht. Die Ursache für dieses Wunder ist ein winziger, unsichtbarer Mikroorganismus mit beunruhigenden Kräften, der eine Pandemie mit Millionen von Toten auslöst, einen Teil des Welthandels lahmlegt, die Mobilität blockiert und Hunderte von Millionen Menschen unter Hausarrest stellt. Wir entdecken das Covid-Virus, ein »kleines Biest«, das von einer rasenden Energie angetrieben wird, sich zu vermehren, zu verbreiten und ständig zu mutieren.

Auf persönlicher Ebene trägt die Tatsache, dass wir

während der Pandemie unter Geleitschutz stehen, dazu bei, unsere Situation noch komplizierter zu machen. Soziale Kontakte, die zwangsläufig ohnehin schon knapp waren, sind noch schwieriger. Es gibt jedoch einen Vorteil: Viele Treffen finden aus der Ferne per Video statt, wodurch man sich lange und komplizierte Reisen mit dem gesamten Schutzapparat sparen kann. Aber in der Zwischenzeit wachsen Frustration und Wut: Es bewegt sich nichts bei den Ermittlungen gegen diejenigen, die ein Attentat auf mein Leben verüben wollen. Staatsräson? Warum erklärt mir niemand, was eigentlich los ist?

In dieser Blockadesituation kann ich nur beobachten, was um mich herum passiert. Die Pandemie offenbart auf gnadenlose Art und Weise nicht nur die Zerbrechlichkeit des Gesundheitssystems, sondern auch die Schwachstellen unseres demokratischen und föderalen Systems. Auf dramatische Weise erinnert sie uns auch daran, dass die nationale Unabhängigkeit, die manche für absolut und erwiesen halten, nichts weiter als ein demagogischer Mythos ist, denn die größten Herausforderungen unserer Zeit können nur im Rahmen von Zusammenarbeit und der gemeinsamen Nutzung von Ressourcen und Verantwortlichkeiten auf globaler Ebene erfolgreich bewältigt werden. Impfstoffe, Masken, Medikamente, Energie und vieles mehr zeigen auf durchschlagende und manchmal schmerzhafte Weise, dass wir längst weder völlig autonom noch souverän sind. Ein wachsender Teil unserer Gesetzgebung ist nichts anderes als die Übernahme von Normen der Europäischen

Union (wenn nicht sogar von den USA aufgedrängt), ohne dass wir etwas zu ihrer Ausarbeitung zu sagen hätten. Ich möchte daran erinnern, dass wir selber es sind, die in Bezug auf das europäische Recht ganz bewusst auf eine Möglichkeit der Mitwirkung verzichten.

Die Pandemie war völlig unvorhergesehen, aber vielleicht nicht völlig unvorhersehbar. Im Jahr 2012 wurde das Bundesepidemiegesetz genau wegen der schweren Virusinfektionen in verschiedenen Regionen der Welt überarbeitet. Aber wer hätte ernsthaft gedacht, dass ein solches Phänomen Länder wie das unsere treffen könnte, das über eines der fortschrittlichsten Hygiene- und Gesundheitsschutzsysteme der Welt verfügt? Dennoch waren wir unvorbereitet und hatten nicht genügend Masken oder Desinfektionsmittel. Im Nachhinein lässt sich das natürlich leicht kritisieren, aber das entbindet uns nicht von einer gründlichen Analyse, um die notwendigen Lehren für zukünftige Ereignisse zu ziehen, die immer weniger unwahrscheinlich werden.

Das Ballett der Experten auf den verschiedenen Fernsehbildschirmen war beunruhigend, ja, aber in gewisser Weise auch unterhaltsam. Einige von ihnen wurden zu echten Stars und übernahmen mit Leichtigkeit die Sprachmuster und Haltungen von vollendeten Politikern. Nicht alle waren der gleichen Meinung, was bei einem Virus, das noch weitgehend unbekannt ist, nicht weiter verwunderlich ist. Dies führte jedoch dazu, dass den absurdesten Verschwörungstheorien Nahrung gegeben wurde.

Es stimmt aber auch, dass die offizielle Medizin oft eine Haltung einnimmt, die ziemlich anmaßend wirken kann. In der Geschichte gibt es keinen Mangel an Beispielen für eine herrschende Medizinkaste, die sich mit arroganter Idiotie jedem entgegenstellte und weiterhin entgegenstellt, der es wagt, Praktiken und Prinzipien infrage zu stellen, die entgegen den Behauptungen der Medizinbarone der Gesundheit und dem Leben der Patienten ernsthaft schaden. Berühmt, aber allzu oft vergessen, ist der Fall von Dr. Ignaz Semmelweis (1818–1865), einem ungarischen Geburtshelfer am Krankenhaus in Wien, damals eines der fortschrittlichsten Zentren für Medizin in Europa. Semmelweis ist schockiert über die hohe Zahl der Todesfälle von Frauen bei der Geburt infolge einer Krankheit namens Kindbettfieber und akzeptiert den Fatalismus nicht, mit dem sich die Medizin damit abfindet. Eines Tages stirbt ein Kollege und Freund von ihm, der die gleichen Symptome wie das Kindbettfieber aufweist. Semmelweis stellt fest, dass er sich mit einem Instrument verletzt hat, das er bei einer Autopsie benutzte (damals war es üblich, dass oft Ärzte diese durchführten). Semmelweis erkennt sofort, dass es sich bei dem tödlichen Fieber in Wirklichkeit um eine Infektion handelte, übertragen von Geburtshelfern, die Autopsien durchgeführt hatten. 1847 entwickelt er ein akribisches Konzept zum Waschen und Desinfizieren der Hände nach Autopsien und vor gynäkologischen Eingriffen. In seiner Abteilung gehen die Todesfälle unter den Wöchnerinnen dadurch spektakulär zurück.

Aber die Barone der österreichischen Medizin verhöhnen den Ungarn, der Deutsch mit starkem Akzent spricht (heute würde man sagen, er war ein Opfer der Glottophobie), und halten seine Theorie für substanzlos. Semmelweis dokumentiert die hervorragenden Ergebnisse seiner Methode. Vergeblich. Ihm wird nicht zugehört. Er beendet sein Leben auf schlimme Weise und erst nach seinem Tod ist die offizielle Medizin gezwungen, anzuerkennen, dass er recht hatte. Wenn wir heute die Geschichte dieses missverstandenen Pioniers gut kennen, so ist das auch einem jungen französischen Arzt zu verdanken, der ihm 1924 seine Dissertation widmete. Er war Louis Ferdinand Destouches, der später als Céline berühmt wurde, Autor eines der größten Meisterwerke der französischen Literatur des 20. Jahrhundert, *Reise ans Ende der Nacht* (1932). Seine Doktorarbeit an der medizinischen Fakultät in Rennes ist nicht nur für die Geschichte des Fachs wichtig, sondern beweist bereits seine Qualitäten als brillanter Schriftsteller.[14] Der Name Semmelweis ist auch als metaphorische Figur in den allgemeinen Sprachgebrauch eingegangen: Der »Semmelweis-Reflex« bezeichnet die Haltung der spontanen Ablehnung angesichts neuer Beweise, die lange akzeptierte und nicht problematisierte Praktiken infrage stellen. Wie könnten wir in Covid-Zeiten nicht an den ungarischen Arzt denken? Und wie könnten wir nicht an Albert Camus und sein Meisterwerk *Die Pest* denken: »Das Böse in der Welt geht fast immer von Unwissenheit aus, und der gute Wille kann ebenso viel

Schaden anrichten wie die Bosheit, wenn er nicht aufgeklärt ist.«

Die Pandemie hat auch die Verbreitung verschiedener grotesker Verschwörungstheorien ausgelöst, die natürlich in den sogenannten sozialen Medien – die allzu oft ekelerregenden offenen Kloaken ähneln – ein Zuhause gefunden haben. Eine Person, die ich für seriös und ausgewogen gehalten hatte, versuchte mich davon zu überzeugen, dass die Impfung mit der RNA-Technologie dazu diene, Chips in unsere Körper einzubauen, die es Bill Gates ermöglichten, die Kontrolle über die Gesellschaft zu übernehmen. Man kann über alles streiten, aber angesichts solcher Behauptungen kann man nur den Kopf schütteln.

Die Geschichte lehrt uns, dass das Phänomen nicht neu ist und mit jeder Epidemie aufgetaucht ist. Im Jahr 1920 traten in Paris einige Fälle von Beulenpest auf, verursacht wahrscheinlich durch Ratten von Schiffen, die Kohle aus England transportierten. Es gab vierunddreißig Todesfälle. Man hörte alle möglichen Gerüchte, darunter auch das eines rechtsextremen Senators, der im Parlament intervenierte und behauptete, die Pest sei von den Juden aus dem Osten eingeführt worden, die alle möglichen Krankheiten mit sich brächten, und damit ein Verleumdungsstereotyp wiederbelebte, das bis ins Mittelalter zurückreicht. Die Behauptungen wurden natürlich unkritisch von der Presse übernommen, die damit denjenigen eine Stimme gab, welche die Juden beschuldigten, nicht nur die Pest und Lepra, sondern auch den

Bolschewismus zu verbreiten. So schrieb Charles Maurras, eine führende Figur der französischen extremen Rechten: »Das schreckliche Geschmeiß der Ostjuden befällt mehrere Pariser Arrondissements [...] und bringt mit sich Läuse, Pest und Typhus, während sie die Revolution herbeisehnen.«[15]

Die durch Covid ausgelöste Krise machte auch die Anfälligkeit des Gesundheitssystems deutlich. Wem war wirklich bewusst, dass die Moleküle, die für die Herstellung lebenswichtiger Medikamente benötigt werden, oft in autoritär regierten Ländern produziert werden, die unserem liberal-demokratischen System feindlich gegenüberstehen? Da stellt sich eine grundsätzliche Frage: Ist es richtig, einen so lebenswichtigen Bereich den Gesetzen des freien Marktes zu überlassen (statt »frei« wäre es vielleicht richtiger zu sagen, wild, das heißt von den Stärksten und Arrogantesten kontrolliert). Als wäre ein Antibiotikum dasselbe wäre wie ein Paar Turnschuhe!

Ist es richtig, dass ein Pharmaunternehmen ein bereits erprobtes und wirksames Medikament aufgibt, um stattdessen ein anderes zu produzieren, in einem ganz anderen Bereich, das aber finanziell viel profitabler ist? Die Antwort ist eindeutig Nein, denn niemand kann leugnen, dass die Gesundheit und die Herstellung notwendiger pharmazeutischer Produkte von übergeordnetem öffentlichem Interesse sind. Die Pharmaindustrie hat sehr schnell Impfstoffe auf den Markt gebracht, die als wirksam gegen Covid gelten. Ein Beweis dafür, dass der Markt funktioniert, sagen manche. Das stimmt nur bis zu einem gewissen Punkt, denn es wird vergessen, dass die Forschung in großem Umfang von der öffentlichen Hand finanziert wurde (wir reden hier von 90 Milliarden US-Dollar). Die betreffenden Unternehmen haben sehr schnell unglaubliche Gewinne angehäuft. Das Unternehmen Johnson & Johnson, Hersteller eines der Impfstoffe, hat einen Wert erreicht, der dem Bruttoinlandsprodukt eines Landes wie Norwegen entspricht. Es sind die Labore, die entscheiden, wer den Impfstoff zuerst bekommt (offensichtlich derjenige, der am meisten zahlt), unter der Bedingung, dass die Verträge geheim bleiben (unter Missachtung der Transparenzgesetze).

Dass die Reichen sich einen Ferrari kaufen, während die Ärmsten sich bestenfalls einen Dacia leisten können, damit kann ich leben. Aber dass die Reichen beim Genuss eines so wichtigen Gutes wie der Gesundheit fast systematisch privilegiert werden, empört mich. Ist es richtig, dass Glivec (ein Krebsmedikament) durch ein Patent geschützt ist wie eine Rolex? Vor dem Auslaufen des Patents hatte Indien beschlossen, ein Generikum auf Basis von Imatinib, dem Wirkstoff von Glivec, zu entwickeln. Mit diesem Generikum betrügen die Kosten für den Patienten 17 US-Dollar pro Monat, verglichen mit 2500 US-Dollar für das Original, ein Preis, den nur wenige in Indien zahlen können.

Novartis verklagte Indien, unter anderem mit diplomatischer Hilfe der Schweiz – die sonst üblichen schönen Verlautbarungen zu Grundrechten und der Notwendigkeit, Entwicklungsländern zu helfen, waren ausgesetzt. War den Herren vom Seco bewusst, dass die Verweigerung des Rechts auf die Herstellung dieses Generikums für Indien bedeutete, Menschen sterben zu lassen? Glücklicherweise wies der Oberste Gerichtshof Indiens die Klage von Novartis ab. Aber in was für einer Gesellschaft leben wir, wenn wir zulassen, dass lebensrettende Medikamente nur einer Minderheit von reichen Ländern zur Verfügung stehen, weil sie für die Ärmsten zu teuer sind?

Vielleicht wird die Pandemie denjenigen die Augen öffnen, die blind an den Gott des Marktes, die Globalisierung und das berühmte Dreigestirn Profit, Markt, Geld glauben. Wir haben ganze Produktionsketten lebenswichtiger Güter in ferne Länder verlagert, in denen andere Werte und Eigenschaften herrschen, die unserem Demokratieverständnis meist feindlich gegenüberstehen. Wir haben uns vom unmittelbaren Profit für die Aktionäre blenden lassen, ohne die Gefährdung unserer eigenen Bevölkerung zu berücksichtigen. Mit unglaublicher Leichtfertigkeit haben wir den Kontinent stark deindustrialisiert und Wissen verloren, indem wir lebenswichtige Sektoren in die raubgierigen Hände diktatorischer und freiheitsfeindlicher Regime gegeben haben. Ja, ich denke an China, von dem wir uns in unverantwortlicher Weise immer abhängiger gemacht haben. Und erpressbar. So fehlt es uns an lebenswichtigen Medikamenten, unentbehrlichen medizinischen Gegenständen, lebenswichtigen elektronischen Bauteilen.

Im Weißen Haus, früher als im Seco, gibt es einige,

die endlich die Augen aufmachen. In einer Rede übte der nationale Sicherheitsberater von Präsident Biden scharfe Kritik an der Art und Weise, wie der internationale Handel in den letzten Jahrzehnten verstanden wurde. Insbesondere prangerte er das Credo an, das die Weltwirtschaft geprägt hat: niedrigere Steuern, Freizügigkeit um jeden Preis, Privatisierung.[16]

Prämienerhöhungen der Krankenkassen sind mittlerweile ein Ritual, das Jahr für Jahr Proteste und alle möglichen Vorschläge zur Eindämmung der Gesundheitskosten hervorruft. Alle Interessen, die auf dem Spiel stehen, unter einen Hut zu bringen, scheint unmöglich zu sein, oder zumindest scheint die Politik unfähig zu sein, Lösungen zu finden, die nicht nur Pflästerchen sind. Die Kosten werden steigen: Es gibt diejenigen, die davon profitieren (Fachärzte und Privatkliniken) und diejenigen, die verlieren (die Versicherten und das Personal der öffentlichen Krankenhäuser). Es sei darauf hingewiesen, dass die Krankenkassenprämien nicht in die Berechnung der Inflation einfließen, aber sehr wohl zur fortschreitenden Verarmung der Mittelschicht beitragen.

Das Problem ist komplex, die Einheitskrankenkasse ist notwendig, aber sicher nicht das Allheilmittel. Was in unseren Nachbarländern passiert, wo sich das Gesundheitssystem eindeutig verschlechtert, sollte uns alarmieren und uns anspornen, grundlegende Reformen zu fördern. Es wird nicht leicht sein, aber wenn wir weiterhin die verschiedenen Partikularinteressen – zumindest die,

die von mächtigen Lobbys vertreten werden – schützen und das allgemeine Interesse – hochwertige Medizin für alle ohne Unterschied – vernachlässigen, befürchte ich, dass die Reaktion der Bürger unvorhersehbare und äußerst schädliche Formen für den sozialen Zusammenhalt und das Funktionieren unserer Demokratie annehmen könnte.

Das Beispiel des Krankenversicherungssystems ist sinnbildlich dafür, wie die Bevölkerung, die Jahr für Jahr nach der rituellen Ankündigung des nächsten Prämienschubs zu Recht protestiert, am Ende jede Veränderung ablehnt. Wie kann man den jährlichen Wechsel von Zehntausenden von Versicherten von einer Krankenkasse zur anderen rechtfertigen, der mit enormen Verwaltungskosten verbunden ist? Wie kann man die offen gesagt unanständigen Gehälter der Manager dieser Krankenversicherungen rechtfertigen? Warum sollte man angesichts solch beunruhigender Tatsachen tatenlos zusehen, nur protestieren und sich dann wieder einreihen und jede Änderung ablehnen? Eine einzige Krankenkasse, nach dem Vorbild der SUVA, der Schweizerischen Unfallversicherungsanstalt, sollte sich als vernünftige Lösung aufdrängen. Aber es gibt so viele Interessen, dass die Bevölkerung sich hinters Licht führen lässt. Das wirft schwierige Fragen über das Funktionieren der Demokratie auf.

VI Die Demokratie, ein zartes Pflänzchen

> »Die Tyrannei eines Prinzen in einer Oligarchie ist nicht so gefährlich für das Gemeinwohl wie die Apathie eines Bürgers in einer Demokratie.«
>
> Montesquieu

Jedes Mal, wenn ich mein Haus verlasse, und das seit fast anderthalb Jahren, ist ein erheblicher logistischer Aufwand und die Mobilisierung von sehr viel Personal erforderlich. Obwohl mir die Leute, die für die Sicherheit verantwortlich sind, sagen, dass ich mich nach meinen Bedürfnissen bewegen kann, möchte ich nur sehr ungern einen solchen Aufwand verursachen. Um in Bewegung zu bleiben, trainiere ich regelmäßig auf meinem Hometrainer, während ich mir Dokumentationen und aktuelle Nachrichten im Fernsehen anschaue. Was ich am 6. Januar 2021 auf dem Bildschirm sehe, weckt in mir eine Bestürzung und Ungläubigkeit, die mich an die Gefühle erinnert, die ich beim Radiohören an einem Dienstagnachmittag in Bern, gerade zurück aus Den Haag, empfunden hatte. Es war der 11. September 2001. Der Angriff auf Symbole der Vereinigten Staaten durch eine Gruppe von Islamisten, der Einsturz der Zwillingstürme, der Anschlag auf das Pentagon.

Dieses Mal, zwanzig Jahre später, erscheint der Angriff auf das Kapitol in Washington, das Machtzentrum der Vereinigten Staaten, auf dem Bildschirm. Ein aufgewühlter Mob, der vom scheidenden Präsidenten aufgehetzt worden ist, stellt (ohne jegliche Beweise) die Ergebnisse der Präsidentschaftswahl in Frage. 9/11 forderte viele Menschenleben, fast 3000 – eine schlimme Bilanz (es gibt allerdings eine weitaus schrecklichere Zahl, die kaum noch Schlagzeilen macht, nämlich die mehr als 30 000 Menschen, die jährlich in den USA ihr Leben durch eine Schusswaffe verlieren). 9/11 offenbarte auch beunruhigende Sicherheitslücken, gefährdete aber nie die Institutionen des Staates und den Zusammenhalt der Nation. Der Angriff und die Plünderung des Kapitols gehen weit über Vandalenakte hinaus: Sie sind Symptome für ein tiefes und ernsthaftes Malaise in der amerikanischen Politik und Gesellschaft. Schon die Wahl von Donald Trump – einem Geschäftsmann mit einer düsteren, vulgären, frauenfeindlichen Vergangenheit, zudem ein zwanghafter Lügner – zum Präsidenten einer der größten und mächtigsten Demokratien der Welt und die Bedingungen, unter denen der Wahlkampf geführt wurde (mit ernsthaften Hinweisen auf russische Einmischung zu seinen Gunsten), waren deutliche Warnzeichen.

Das Ergebnis war ein in zwei Hälften gespaltenes

Land und eine verwirrende und höchst konfrontative vierjährige Amtszeit. Als er für eine zweite Amtszeit kandidierte, erhielt Trump trotz seines unwürdigen Verhaltens und der schlechten Ergebnisse seiner Regierung immer noch über siebzig Millionen Stimmen. Noch bevor die Ergebnisse bekannt sind, verkündet er, dass er Joe Bidens Sieg nicht anerkennen wird, und behauptet, dieser sei sicher das Ergebnis von Betrug. Eine Krise, die durch die Politisierung der Justiz und die Ernennung von Richtern mit starken ideologischen und rückschrittlichen Positionen am Obersten Gerichtshof noch verschärft wurde.

Der amerikanische Schriftsteller Jerome Charyn schrieb, dass »die amerikanische Demokratie in eine Periode der Dunkelheit eingetreten ist und dort bleiben wird, solange dieser Oberste Gerichtshof nicht reformiert wird« (*Le Monde*, 8. Juni 2023). Die Mitglieder des Obersten Gerichtshofs der USA sind außerdem in eine Reihe von Finanzskandalen verwickelt, zu denen auch nicht offengelegte teure Geschenke gehören (nach dem Gesetz müssten Geschenke deklariert werden). Die Popularität und Glaubwürdigkeit des Obersten Gerichtshofs ist auf einem historischen Tiefpunkt angelangt.

Covid, die Telefonkonferenzen, die sporadischen Ausflüge lassen Zeit zum Nachdenken; sehr seltene Momente jedoch, wenn man ein Abgeordneter ist, der von einem Termin zum nächsten rennen muss, immer in Eile, um ein Papier pünktlich abzuliefern, inmitten von langen

Reisen, Anfragen aller Art und Dossiers zu den unterschiedlichsten Themen, die in rasantem Tempo aufeinander folgen. Mit der immer lauernden Gefahr der Oberflächlichkeit und der mangelnden Sorgfalt – ein ideales Terrain für Lobbyisten, die um die Ecke warten. Was früher ein kurzer Blick auf die Schlagzeilen war, ist heute zu einem Moment des Lesens und der gründlichen Analyse geworden. Die Ereignisse in Washington regen mich dazu an, über den Zustand der Demokratie nachzudenken.

Die amerikanische Demokratie ist sicherlich nicht die einzige, die sich in einer Krise befindet. Fast überall ist eine Verwirrung, eine Ungeduld mit den traditionellen Parteien und Kräften, die bisher regiert haben, spürbar. Viele historische Parteien sind implodiert, verschwunden und durch Bewegungen ersetzt worden, die sich nicht klar definieren lassen. Vor allem gibt es ein Misstrauen gegenüber den Institutionen. Um die außerordentliche Komplexität unserer Zeit in den Griff zu bekommen, verlassen sich die Menschen lieber auf diejenigen, die einfache, wenn nicht gar simplifizierende Lösungen vorschlagen. Angesichts einer Welt, die sich unaufhaltsam verändert, überwiegen oft der Drang zur Abschottung, die Feindseligkeit gegenüber dem Fremden und dem Anderen und die unbewusste Suche nach einer sicheren Orientierung.

So lassen sich viele Demokratien dazu hinreißen, die Rechte und Freiheiten des Einzelnen einzuschränken und riskieren, in autoritäre Regime abzugleiten. Man wird sagen, dass dies fast immer die Wahl des Volkes war: Es ist tatsächlich das Volk, das Trump in den Vereinigten Staaten gewählt hat (dank dem geltenden Wahlsystem, obschon er insgesamt deutlich weniger Stimmen erhielt als seine Mitbewerberin Hillary Clinton), oder Orbán in Ungarn, Kaczyński in Polen (er hat keine Regierungsposten, aber tatsächlich ist er es, der als Vorsitzender der Mehrheitspartei das Land regiert), Modi in Indien, Netanyahu in Israel. In Italien haben Giorgia Melonis Fratelli d'Italia ihre Wurzeln eindeutig im Faschismus, das bezeugen nicht nur die wiederholten nostalgischen Sympathiebekundungen für den Duce.

Nach den letzten Wahlen durfte Liliana Segre, als die älteste Abgeordnete, die Senatssitzung eröffnen. In ihrer sehr schönen und bewegenden Rede erinnerte sie mit äußerster Höflichkeit und Raffinesse daran, dass es ihr als Kind verboten war, die Schule zu besuchen, weil die vom faschistischen Regime gegen Juden erlassenen Rassengesetze so streng waren. Im Alter von dreizehn Jahren wurde sie verhaftet und nach Auschwitz deportiert. Wie durch ein Wunder überlebte sie und ist heute eine aktive Zeugin der unermesslichen Barbarei der Schoah. In der gleichen Sitzung wählte die Senatsmehrheit Ignazio Benito Maria La Russa, einen Neofaschisten und fanatischen Verehrer Mussolinis (dessen Büsten und Porträts er sammelt), zu ihrem Präsidenten.

Alle wurden gewählt, weil das Volk es so wollte. Manche sprechen von illiberalen Demokratien, die, wie uns die Geschichte lehrt, oft Vorläufer von liberalen Autokratien oder totalitären Diktaturen sind. Eine echte Demokratie beinhaltet nicht nur die Beteiligung des Volkes an der Entscheidungsfindung, sondern auch Rechtstaatlichkeit, Gewaltenteilung, die Achtung von Grundrechten und Minderheiten. In vielen Demokratien scheint sich eine besorgniserregende, illiberale Dynamik zu manifestieren, die darauf abzielt, Gegengewalten zu neutralisieren, insbesondere durch die Beschneidung der Kompetenzen von Parlament und Justiz.

In Italien fragt sich Luciano Canfora, wie es dazu kommen konnte, dass die gesetzgebende Gewalt de facto in die Hände der Exekutive überging und die Funktionen der gewählten Versammlungen auf reine Ratifizierungsaufgaben reduziert wurden.[17] In den Vereinigten Staaten hat die republikanische Mehrheit systematisch scheidende Richter durch ultrakonservative ersetzt, die nicht zögerten, die individuellen Freiheiten, insbesondere die der Frauen, zu beschneiden; in Polen hat die Exekutive die Justiz praktisch zum Schweigen gebracht; in Ungarn ist jedes Mittel recht, um Homosexuelle und Flüchtlinge zu verfolgen; in Israel will Netanyahu (der immer wieder wegen Korruption angeklagt wurde, doch vorläufig durch institutionelle Immunität geschützt ist) die Befugnisse des Obersten Gerichtshofs drastisch beschneiden – die letzte Instanz, die der palästinensischen Bevölkerung noch einen minimalen Schutz bietet, einer Bevölkerung, die Opfer von Rassentrennung und ständigen Schikanen ist und die von Siedlern, welche von rechtsextremen Parteien und ultraorthodoxen Bewegungen geschützt werden, von ihrem Land vertrieben wird. Und das alles nimmt die internationale Gemeinschaft gleichgültig zur Kenntnis.

Wenn ich an die palästinensische Frage denke, spüre ich einen Anflug von Empörung und Wut. Ich bin nämlich davon überzeugt, dass ein Großteil des Konflikts oder zumindest des Unverständnisses, das wir gegenüber der muslimischen Welt hegen, sehr tiefe Wurzeln hat, auch und vor allem in dieser Angelegenheit, die nichts anderes ist als eine unendliche Abfolge von Demütigungen und Übergriffen. Das rechtfertigt natürlich keine terroristischen Handlungen, aber es macht uns klar, wie Bedingungen geschaffen wurden, die ein günstiges Terrain für die Entwicklung von rücksichtslosen und grausamen Handlungen darstellen, die ihrerseits oft Ausdruck von Verzweiflung sind. Gräueltaten werden auch von der israelischen Armee begangen, die auf Teenager schießt und den dicht besiedelten Gazastreifen bombardiert. Einen Menschen zu demütigen und ihm jede Perspektive zu nehmen, kann ihn leicht in eine tickende Zeitbombe verwandeln. Die Geschichte hinterlässt oft unauslöschliche Spuren.

Zwei Ereignisse haben den Nahen Osten und die palästinensische Frage stark geprägt. Am 16. Mai 1916 wurde ein geheimes Abkommen geschlossen, in dem das festgelegt wurde, was gemeinhin als Sykes-Picot-Linie bekannt ist, benannt nach den beiden Diplomaten, einem Briten und einem Franzosen, die an einem Tisch eine Linie auf die Karte des Nahen Ostens zogen, welche die Überreste des Osmanischen Reiches aufteilte: Das ist meins, das ist deins – natürlich ohne die betroffene Bevölkerung nach ihrer Meinung zu fragen. Die andere historische Entscheidung ist die Balfour-Erklärung vom 2. November 1917, ein Brief des britischen Außenministers an Lord Rothschild, den Vertreter der jüdischen Gemeinden und der zionistischen Bewegung, in dem er erklärt, dass die britische Regierung die Schaffung einer »nationalen Heimstätte für das jüdische Volk« in Palästina befürworte. Niemand fragte die Palästinenser nach ihrer Meinung: Sie waren und sind offenkundig nicht existent.

Wir wissen, wie es ausgegangen ist: Hunderttausende von Palästinensern wurden aus ihren Dörfern vertrieben. Viele von ihnen leben seit über siebzig Jahren in Flüchtlingslagern (ich werde nie vergessen, welche Gefühle ich empfand, als ich das Flüchtlingslager Jarmuk in der Nähe von Damaskus besuchte, in dem damals über hundertzehntausend Palästinenser lebten). Den Palästinensern blieben der Gazastreifen, ein vollständig umzingeltes Freiluftgefängnis, und einige Gebiete im Westjordanland, die zunehmend von israelischen Siedlern – unterstützt und gefördert durch die ultrarechte Regierung – besetzt werden.

Aber wer es heute wagt, Israel zu kritisieren, wird des Antisemitismus bezichtigt – was wirklich niederträchtig ist, aber auch wirksam, wirksam deshalb, weil viele, zu viele, schweigen. Was aber tatsächlich kritisiert wird, ist der Staat Israel mit seiner Politik der Apartheid und der systematischen Unterdrückung und Verletzung des Völkerrechts, nicht die jüdische Religion. Aber es ist legitim, sich an religiöse Autoritäten zu wenden und sie aufzufordern, die gravierenden Fehlentwicklungen unter der derzeitigen Regierung anzuprangern, gegen die im Übrigen Zehntausende Israeli, darunter auch Vertreter der Armee, demonstrieren. Israel ist nämlich kein säkularer Staat, sondern ein »jüdischer und demokratischer Staat«, also eindeutig religiös konnotiert.

Im Westen haben wir die Vertreter der muslimischen Gemeinschaften wiederholt aufgefordert, die Taten der Islamisten zu verurteilen. Das Schweigen ihrer jüdischen Gegenparte und die aktive Unterstützung der ultraorthodoxen Geistlichen für die Politik der israelischen Regie-

Suche die Wahrheit und sage sie!

Francesca Albanese, die Sonderberichterstatterin der Vereinten Nationen für die Menschenrechtslage in den seit 1967 von Israel besetzten palästinensischen Gebieten, hat vor kurzem der Generalversammlung der Vereinten Nationen einen Bericht vorgelegt, in dem sie das von der israelischen Regierung verhängte Apartheidregime anprangerte. Sie betonte die Bestimmungen von Art. 1 – Abs. 4 des Zusatzprotokolls zu den Genfer Konventionen, in dem das Recht auf Rebellion von Völkern anerkannt wird, die »in Ausübung des in der Charta der Vereinten Nationen und der Erklärung über die Grundsätze des Völkerrechts verankerten Rechts der Völker auf Selbstbestimmung gegen koloniale Vorherrschaft und ausländische Besatzung sowie gegen rassistische Regime kämpfen«. Die Berichterstatterin hat nichts anderes getan, als selbstverständliche Wahrheiten in Erinnerung zu rufen. Dennoch wurde ihr von vielen Seiten vorgeworfen, antisemitisch zu sein. So versucht man, Kritik zum Schweigen zu bringen. Ich erinnere gerne an Jean Jaurès' Definition von Mut: »Suche die Wahrheit und sage sie!«

rung stellen eine gemeinsame Verantwortung dar. In Wahrheit sind sie es – und eine Lobby jüdischer Extremisten, die die US-Politik im Nahen Osten seit Jahrzehnten bestimmt –, die dazu beitragen, abscheuliche Formen des Antisemitismus zu schüren. Es darf jedoch nicht vergessen werden, dass es in Israel einen Teil der Zivilgesellschaft gibt, die ein friedliches Zusammenleben mit den Palästinensern und die Anerkennung eines eigenen Staates für die Palästinenser anstrebt. Es vermehren sich die Initiativen israelischer und jüdischer Politiker, Intellektueller und Wissenschaftler (darunter mehrere Nobelpreisträger), die die internationale Gemeinschaft auffordern, den palästinensischen Staat anzuerkennen und zu respektieren. Auf der anderen Seite tut die israelische Regierung, verbündet mit der extremen Rechten und den Ultraorthodoxen, alles, um die palästinensische Identität zu zerstören.

Fast überall stehen also Demokratien, die sich in einer Krise befinden, vor dem Dilemma, sich mit immer komplexeren Problemen auseinandersetzen zu müssen (die oft unpopuläre Lösungen erfordern, da sie nur langfristig umgesetzt werden können) und gleichzeitig auf die Unterstützung der Bevölkerung angewiesen zu sein. Die öffentliche Meinung will jedoch einfache Lösungen und sofortige Ergebnisse. Die Rentenreform und die gewalttätigen Demonstrationen, die sie in Frankreich ausgelöst hat, sind ein beredtes Beispiel dafür. Kein Land der Welt kann mit einem Rentensystem wie dem derzeit in Frankreich gültigen (dazu noch bei einer 35-Stunden-Woche) finanziell überleben. Die Anhebung des Renteneintrittsalters von 62 Jahren (obwohl die Menschen in vielen Branchen sogar noch früher aufhören zu arbeiten) auf 64 Jahre ist das absolut notwendige Minimum, um den Staatsbankrott abzuwenden. Man muss sich nur die steigende Lebenserwartung und die unaufhaltsame Dynamik ansehen, die das Verhältnis zwischen der arbeitenden Bevölkerung und den Rentnern (zugunsten der Letzteren) verändert, um zu erkennen, dass das derzeitige System nicht nachhaltig ist. Nur ein Präsident in seiner zweiten Amtszeit ist in der Lage, eine solche Reform durchzuführen.

Zugegeben, Macron hätte auf mehr Dialog mit den Parteien setzen können, aber ich bezweifle, dass die Dinge dann anders gelaufen wären. Es stimmt auch, dass der französische Präsident zu einem verfassungsrechtlichen Kunstgriff greifen musste, was für ein demokratisches System nicht gut ist.[18]

Andere Demokratien werden früher oder später mit ähnlichen Herausforderungen und der Notwendigkeit konfrontiert sein, unpopuläre, aber für die nächsten Generationen lebenswichtige Reformen durchzuführen. Ganz zu schweigen von der Klimakrise und dem anhaltenden Schwund der Artenvielfalt. Jeder (oder fast jeder) weiß, dass schnell etwas getan werden muss. Doch wie viele sind bereit, etwas aufzugeben? Wie viele Politiker sind bereit, sich unpopulär zu machen?

Es ist daher zu befürchten, dass sich die derzeitige Dynamik, der Exekutive immer mehr Befugnisse einzuräumen, weiter verstärkt: immer häufigere Inanspruchnahme voller Befugnisse für angebliche Notsituationen, weniger Einbindung des Parlaments (das sich weiterhin über Nebensächlichkeiten streiten wird), Einschränkung der Befugnisse der Gerichte oder die Wahl von Richtern und Staatsanwälten, die eher bereit sind, sich dem Mainstream anzupassen und weniger Transparenz zu rechtfertigen.[19]

Die Komplexität der Probleme unserer Zeit, die Entwicklung der Kommunikationsnetze und die Globalisierung verändern in der Tat allmählich, aber tiefgreifend die Verteilung der Macht. Der Politiker ist zunehmend der Verwaltung ausgeliefert (die in der Regel aus besser ausgebildeten Leuten besteht), und viele Befugnisse werden an autonome Behörden delegiert. Nationalbanken genießen enorme Macht und fast völlige Unabhängigkeit, und ihre Entscheidungen können die Lebensqualität der Bürger bestimmen und die Regierungspolitik in Schach halten, als ob ihre Befugnisse zu schwerwiegend wären, um sie den Politikern zu überlassen. Und auch die Befugnisse der nationalen Regierungen werden zunehmend durch internationale Organisationen (man denke nur an die Welthandelsorganisation) und die Ausbreitung von multilateralen Abkommen begrenzt. Hinzu kommen die Giganten, die das Internet effektiv kontrollieren, und die großen multinationalen Konzerne, die eine beeindruckende finanzielle Größe erreicht haben und in der Lage sind, den meisten Staaten ihre Interessen aufzuzwingen (oder zumindest die öffentliche Meinung entscheidend zu beeinflussen). In Wirklichkeit gibt es keinen Staat mehr, der völlig autonom ist: Wir entwickeln uns unwiderruflich zu einem System geteilter Souveränität, leider auf immer undurchsichtigere Weise.

Und das Volk (der »Souverän«, wie wir ihn in unserer demokratischen Liturgie nennen)? Welche Rolle spielt es bei all dem? Man darf nicht vergessen: Eine Demokratie ist nicht darauf beschränkt, dass das Volk einfach nur abstimmen darf, denn sonst bestünde die Gefahr der totalen Willkür der Mehrheit, die freiheitsfeindliche und die Grundrechte von Minderheiten missachtende Regeln beschließen könnte. Beteiligung des Volkes Ja, natürlich, aber auch genaue Regeln: Gewaltenteilung und -abwägung, Meinungs- und Pressefreiheit, Bekräftigung der Grundfreiheiten. Wie können wir vergessen, dass die verschiedenen Hitler, Mussolini, Bolsonaro, Trump, Putin und andere die Unterstützung des Volkes genossen und Wahlen gewonnen haben?

Eine Sache scheint diese verschiedenen Charaktere zu vereinen. Ihre beunruhigende Nonchalance im Umgang mit der Wahrheit, ihre unbestrittene Meisterschaft darin, mit Lügen oder Halbwahrheiten (die in einem Urteil des italienischen Kassationsgerichts einmal als »die schlimmsten Lügen« bezeichnet wurden) Gefühle zu wecken. In der Liste dieser »Meister« darf Boris Johnson nicht fehlen, ein zwanghafter Lügner (so sehr, dass er als Praktikant bei der *Times* entlassen wurde, weil er

Nachrichten fälschte), der während der Brexit-Abstimmung sein Bestes gab. Mit den Folgen, die wir kennen. Nachdem er von seinen Ämtern zurückgetreten war, kommentierte die seriöse *Times* (12. Juni 2023): »Er hat dem Land so viel Unglück gebracht, dass wir ihm verbieten müssen, auf die politische Bühne zurückzukehren, lasst uns ihn in den Spam werfen!«

Die Wahrheit ist in der Tat eine wesentliche Voraussetzung in der Demokratie; leider wird sie viel geschmäht und wird seit jeher von einem scheinbar unheilbaren Übel konterkariert: der Lüge. Jonathan Swift, der Autor von *Gulliver*, hat diese Geißel schon vor dreihundert Jahren bewundernswert beschrieben: »Ein politischer Lügner [hat] ein grandioses Genie [das] nur in seinem unerschöpflichen Vorrat an politischen Lügen besteht, die er großzügig verteilt, so oft er spricht, und die er mit gleicher Großzügigkeit eine halbe Stunde später widerlegt«.[20] Die Philosophin Hannah Arendt hat beobachtet, dass Lügen oft plausibler und schmackhafter sind als die Realität selbst, da der Lügner den Vorteil hat, zu wissen, was das Publikum will oder zu hören erwartet.[21]

Wer hätte gedacht, dass Colin Powell, der US-Außenminister, lügt, als er in einer geschickt inszenierten Aktion vor der UNO erklärte, dass der Irak von Saddam Hussein ein Verbündeter der Terroristen vom 11. September 2001 war und Massenvernichtungswaffen besaß? Was er sagte, klang so überzeugend, dass alle ihm glaubten und den Krieg rechtfertigten, denn diejenigen, die entscheiden, wie, wann, wo und wen sie bombardieren, sind diejenigen, die ein Rechtsphilosoph »die Herren des Friedens«[22] nennt, *Herren*, weil sie die Stärksten sind und deshalb immer recht haben.

Die Modalitäten, die zu der Entscheidung führten, in den Irak einzumarschieren, sollten in jeder Journalistenschule analysiert und dargestellt werden. Der Krieg gegen Saddam Hussein wurde mit absolut haltlosen Begründungen, mit völlig falschen Dokumenten und mit der Unterstützung der sogenannten seriösen Presse gerechtfertigt. Saddam war sicherlich ein Diktator, aber er hat niemals Al-Qaida unterstützt und besaß keine Massenvernichtungswaffen, wie Präsident George W. Bush, ohne einen Beweis vorzulegen, behauptete, dabei kräftig unterstützt von Vizepräsident Dick Cheney und Verteidigungsminister Donald Rumsfeld. Viele wussten, dass es sich dabei um frei erfundene Behauptungen handelte, aber viele glaubten sie, darunter mit ziemlicher Sicherheit auch Powell selbst (Powell pflegte seine Treffen mit seinen Mitarbeitern mit den Worten zu beginnen: »Sagen Sie mir, was Sie wissen, sagen Sie mir, was Sie nicht wissen, und dann sagen Sie mir, was Sie denken«; eine Angewohnheit, die ihn offenbar nicht davor bewahrte, getäuscht zu werden). Die übereilte Unterstützung durch den britischen Premierminister Tony Blair, der so zuvorkommend und unkritisch war, dass er den Spitznamen »Pudel« erhielt, verlieh dieser Lüge noch mehr Glaubwürdigkeit. In der Tat brauchte Bush nach dem Angriff und der Demütigung vom 11. September 2001 dringend einen Grund, um eine groß angelegte Militäroperation zu rechtfertigen. Dies erinnert mich an einen Satz von Mussolini aus dem Jahr 1940, als er den Angriff auf Griechenland vorbereitete: »Der Krieg wird kurz sein, und ich brauche nur ein paar tausend Tote, um mich an den Friedenstisch zu setzen.« Bush ging es nicht um Frieden, er wollte die öffentliche Meinung in den USA beruhigen und zurückgewinnen (und zufällig gibt es im Irak auch noch viel, sehr viel Öl).

Deutschland und vor allem Chiracs Frankreich lehnten die vom Weißen Haus gewünschte Militäroperation vehement ab und prangerten an, dass es keine Beweise für die amerikanischen Anschuldigungen gebe. Im Gegenteil, das französische Außenministerium wies nach, dass das Schreiben des Präsidenten von Niger, in dem die Lieferung einer großen Menge Uran an Saddam bestätigt wurde, eine Fälschung war. Im Sicherheitsrat hielt Dominique de Villepin, der französische Außenminister, eine Rede von beachtlichem Format, vielleicht eine der besten politischen Reden der letzten Jahrzehnte, so sehr, dass sie mit tosendem Applaus bedacht wurde (höchst ungewöhnlich im aseptischen Kontext der UNO). Schön, aber ungehört. Die militärische Intervention fand statt, obwohl die UNO nicht zugestimmt hatte; sie war also völkerrechtswidrig. Ein ruinöser Krieg hat die gesamte Region verwüstet, mit Zehntausenden von Toten und Millionen von Flüchtlingen, die das Feuer des Terrorismus im Irak und in Syrien angefacht haben, der Funken, der zur Gründung des berüchtigten Kalifats führte. Ein ungesühnter Krieg, der auf einem groß angelegten Betrug beruhte, den viele heute zu vergessen scheinen. Es dauerte mehrere Jahre, bis die seriöse Presse wie die *New York Times* ihre Fehler eingestand.

Die Wahrheit ist gegenüber der Lüge immer im Nachteil, da sie immer gezwungen ist, die Komplexität zu erfassen und gegenüber einer falschen Einfachheit zu korrigieren, zu rechtfertigen und zu erklären. Es ist ein bisschen wie mit der Feuerwehr: Entweder kommt sie nicht, weil man ihr die falsche Adresse gegeben hat, oder sie kommt erst, wenn der Schaden schon angerichtet ist; und dann, wenn sie es schafft, das Feuer zu löschen, geschieht das nie, ohne weiteren Schaden anzurichten. Auf jeden Fall drängt sich der Verdacht auf, dass viele Menschen Großmäuler mögen, dass Lügner Sympathie erwecken und dass man sich mit der Wahl solcher Leute von seinen Schwächen freispricht und seine Abneigung gegen die seriösen Eliten ausdrückt.

In diesem Zusammenhang ist die Wiederwahl von Pierre Maudet 2023 in den Genfer Staatsrat sehr überraschend und beunruhigend, nachdem er aufgrund einer Reihe von Strafverfahren und Verurteilungen aus dem Amt gedrängt worden war. Die gegen Maudet festgestellten Straftaten wurden alle in Ausübung seines Amtes als Staatsrat begangen: Neben dem moralischen Aspekt belastet ihn die Tatsache, dass er in seiner Eigenschaft als Staatsrat schamlos gelogen hat. Ein weiteres beunruhigendes Symptom für den Zustand der Demokratie.

Dann gibt es die Populisten – ich glaube, es werden immer mehr –, die in der Lage sind, das Unglaubliche zu glauben, weil sie das Offensichtliche und Rationale a priori für verdächtig halten. Es gibt auch diejenigen, die die Wahrheit einfach nicht wissen wollen, weil sie zu komplex und beunruhigend ist; das sind oft diejenigen, die einen charismatischen Führer suchen, der ihnen ein Gefühl von Ordnung und Sicherheit vermittelt. Er wird sich darum kümmern, der *Conducator*, der Führer, der Duce.

Die Demokratie ist etwas äußerst Komplexes, Anspruchsvolles: sie ist wie ein schlankes, zartes, anspruchsvolles Pflänzchen, das ständige Pflege braucht und sich nicht an alle Böden und Klimazonen anpasst. Ja, Demokratien können sterben und schreckliche Monster gebären. Diese Metapher erinnert mich an das tragische Ende der Weimarer Republik. Die Niederlage im Ersten Weltkrieg fiel in Deutschland mit dem Ende der Hohenzollern und der sehr schweren Last, die der Friedensvertrag von Versailles auferlegte, zusammen. Dennoch wurde im Sommer 1919 eine erstaunlich moderne Verfassung verabschiedet, auf der die spätere Republik basierte: Frauenwahlrecht, Parlamentswahlen nach dem Verhältniswahlrecht, Pressefreiheit. Kurzum, nach der Tragödie des Krieges beginnt eine blühende Zeit, sowohl gesellschaftlich als auch kulturell. Alles wird diskutiert, sogar die Legitimität von Schwangerschaftsabbrüchen, die Anerkennung der Homosexualität und die Abschaffung der

Todesstrafe. Der Acht-Stunden-Arbeitstag wird eingeführt. Und dennoch wird diese schöne Realität am Ende eines der schlimmsten Regime der Geschichte hervorbringen.

Was ist passiert? Schwere Kriegsreparationen erstickten die Wirtschaft und verursachten Armut. Aber der Vertrag von Versailles war nicht allein die Ursache, auch wenn er viel Unmut in der Bevölkerung hervorrief, der von den Revanchisten geschickt ausgenutzt wurde. Der Nationalsozialismus war auch eine Reaktion auf den angelsächsischen Kapitalismus, der sich dann auch im Rest Europas durchsetzte. Dies erklärt jedoch nicht alles. Die substanzielle Schwächung der Linken mit ihrer Unfähigkeit, sich zu einigen und vor allem die sture Feindseligkeit der Kreise der Großindustrie, des Großbürgertums, der Armee und großer Teile der Kirchen gegenüber dem Klima der Freiheit – all das spielte mit.

Es sind die Konservativen und die Führer der Großindustrie, die durch den Präsidenten der Republik, Feldmarschall Hindenburg (ein typischer Vertreter der Aristokratie und der Militärkaste) die Macht an Hitler übergeben. Sie sind die wahren Totengräber der Weimarer Republik und mitverantwortlich für die Tragödie, die dann den ganzen Kontinent erfasste, eine der dunkelsten Zeiten der Menschheit überhaupt. Sie, die Opportunisten und die Gleichgültigen. Hitlers Partei ergriff die Macht mit Gewalt durch bewaffnete Banden und Einschüchterung. Hindenburg hatte keine Sympathie für den Führer, den er den »böhmischen Gefreiten« nannte, aber er dachte, wenn er ihm die Verantwortung für das Kanzleramt übertrug, dann würde er scheitern und sang- und klanglos verschwinden. Wie die anderen, die Großindustriellen, die Armeechefs, viele Prälaten der christlichen Kirchen, aber auch Philosophen und Schriftsteller, wählte er aus reiner Trägheit und Eigennutz den einfachen Weg.

Eine ähnliche Dynamik hatte sich bereits zehn Jahre zuvor in Italien manifestiert, auch da mit einem katastrophalen Ergebnis. Nur wenige wagten es, sich gegen die Gewalt der faschistischen Kampftrupps zu erheben, die von Mussolini und seinen Gefolgsleuten aufgehetzt und

Für Italien und den Duce

Am 17. November 1922 stimmte die Abgeordnetenkammer mit 306 Ja-Stimmen, 116 Nein-Stimmen und 7 Enthaltungen für die Regierung Mussolini. Die faschistische Partei bestand damals aus nur 35 Abgeordneten. Man kann sich nur wundern, dass Politiker wie Giolitti, De Gasperi und Gronchi für den Duce stimmten, um es später zu bereuen, einige landeten sogar in faschistischen Gefängnissen. Sogar der Philosoph, Humanist, und Historiker Benedetto Croce unterstützte den Faschismus und erklärte in einem Interview mit dem *Corriere Italiano* am 1. Februar 1924, dass »die Therapie, die der Faschismus Italien angedeihen ließ für das Land von großem Vorteil ist« (»Sulla situazione politica«, später in *Pagine sparse, Bd.* 2, Laterza, Bari 1960). Es bedurfte der Ermordung Matteottis, um ihn endgültig umzustimmen und ihn davon zu überzeugen, dass das, was er als »heilsame Ohrfeigen« bezeichnete, nichts anderes als böse Brutalität und Machtmissbrauch waren. Wie in Deutschland in den dreißiger Jahren schien der Hass auf die Linke, die als unpatriotisch und antikapitalistisch galt, jede Schandtat zu rechtfertigen. Es muss gesagt werden, dass in der frühen Nachkriegszeit eine totalitäre Welle über Europa hinwegfegte, von Spanien bis Portugal, von Russland bis Kroatien, und dass praktisch alle Länder mit gewalttätigen und totalitären Bewegungen konfrontiert waren.

manipuliert wurden. Schreckliche Gewalt, um Andersdenkende und die unabhängige Presse zum Schweigen zu bringen. Fanatiker, Feiglinge und Opportunisten haben die Regierung an Mussolini übergeben, dessen Partei nicht einmal über zehn Prozent der Abgeordneten verfügte.

An den jungen Giacomo Matteotti, Abgeordneter des Partito Socialista Italiano, muss hier erinnert werden, da er einer der wenigen war, die den Mut hatten, etwas zu sagen, während ein faschistischer Abgeordneter rief, sie würden die Demokratie »mit dem Knüppel« machen. All dies geschah in einer Atmosphäre des düsteren Schweigens. Der König, der seine Bedeutungslosigkeit zur Schau stellt, nachdem er Mussolini das Mandat zum Regieren erteilt hat, schweigt; der Papst ist stumm und scheint zu nicken, weil er eine Gelegenheit für ein für den Vatikan günstiges Abkommen wittert (was 1929 geschieht und den Faschisten einen Prestigesieg beschert); die Carabinieri und das Polizeipräsidium schauen weg, nehmen sich Zeit und kommen nie rechtzeitig, um die Opfer von Schlägen und Morden zu schützen. Die Richter passen sich an. Wie sehr kann ich Antonio Gramsci verstehen, als er schrieb: »Ich hasse die Gleichgültigen!«

Der Faschismus hingegen hasst die Kultur, die Intellektuellen und diejenigen, die mehr soziale Gerechtigkeit wollen. Deshalb eliminierte er den Sozialisten Matteotti, den Kommunisten Antonio Gramsci, den Priester Don Giovanni Minzoni, die Liberalen Giovanni Amendola, Piero Gobetti, die Brüder Carlo und Nello Rosselli und viele, viele andere. Natürlich – und diese Feststellung ist schmerzhaft – fehlte es nicht an prominenten Persönlichkeiten, die sich von diesem scheußlichen Regime verführen ließen, wie etwa die Schriftsteller Ungaretti und Pirandello und der Philosoph Giovanni Gentile.

Diese Zeit darf nicht vergessen werden und kann auch nicht mit Aussagen wie »Mussolini war nicht Hitler«, »die Juden in Italien wurden besser behandelt« oder »der Duce hat viel für die Infrastruktur des Landes getan« relativiert werden.[23] Viele haben es vergessen oder wissen es einfach nicht; deshalb ist es gut, die Geschichte der düsteren Jahre eines Regimes zurückzuverfolgen, das für diejenigen, die heute die Führung des Landes beanspruchen, so faszinierend erscheint. Die verbrecherischen Handlungen des faschistischen Regimes und die Trägheit und Komplizenschaft, die sie ermöglichten, sind in einem kürzlich erschienenen, gut dokumentierten Buch von Aldo Cazzullo gut beschrieben.[24]

Die derzeitige italienische Regierung, deren tiefe Wurzeln in dieser ominösen Zeit liegen, arbeitet hart daran, die Menschen diese Vergangenheit vergessen zu lassen und ihnen ein positiveres Bild zu vermitteln. Manche möchten vergessen machen, dass es sich bei den Opfern des Massakers in den Ardeatinischen Höhlen um Antifaschisten handelte, als wollten sie andeuten, dass auch Balbos faschistische Kader unter den Opfern waren. Das stimmt nicht, sie waren zwar da, aber um zuzuschauen und zu applaudieren.

Die verbale Gewalt, die bösartigen Unterstellungen und die systematische Verunglimpfung Andersdenkender schufen ein Klima, das den Faschismus in Europa begünstigte. Eine Brutalität der Sprache, die auch heute oft gegen Andersdenkende eingesetzt wird. Man muss allerdings nicht sehr weit gehen, um abstoßende Beispiele dafür zu finden. Man muss nur die Wochenzeitung einer unserer Bundesratsparteien in die Hand nehmen, um Abscheu vor ihrer Vulgarität und Bösartigkeit zu empfinden: Man sollte meinen, dass diejenigen, die Woche für Woche eine solche Niedertracht entfesseln können, nur schwer einer Diagnose von Psychopathie entgehen können. Wer sich distanzieren sollte, schweigt und spielt den Staatsmann, während viele Kommentatoren unter Kurzsichtigkeit zu leiden scheinen.

Heute, so sagt man uns, gibt es keinen Faschismus mehr, er ist jetzt Geschichte. Eine Geschichte, die so viele vergessen wollen. Selbst vom Neofaschismus wird fast nicht mehr gesprochen. Alles wird in den Kessel des Populismus geworfen, der an sich nicht nur negative Aspekte hat. In Wahrheit zirkuliert das Virus weiter, und zwar hartnäckig. Es ist das Virus der Intoleranz, des Rassismus, des Hasses auf Andersdenkende, der Lüge als politisches Mittel, der Suche nach einem *Conducator*, der für Ordnung sorgt, der uns die Gewissheiten gibt, die wir suchen, und der die Träume verwirklicht, die wir verfolgen. Totalitäre Regime haben den Massen immer erklärt, dass sie große und mythische historische und tausendjährige Aufgaben zu erfüllen hätten. Für die Nazis war es das Streben nach Lebensraum und der reinen Rasse, für Stalin die Errichtung einer egalitären Gesellschaft durch die Diktatur des Proletariats und für Franco die Wiederbelebung des großen spanischen und katholisch-fundamentalistischen Reiches.

Dieses Virus greift die Demokratie von innen heraus an (meist wird ein äußerer Feind erfunden, um sein zerstörerisches Wirken zu verschleiern) und das eine hohe Ansteckungsrate hat, denn wenn das Übel erkannt wird, ist es fast immer zu spät. In seinem Buch *Der Mensch in der Revolte* schreibt Albert Camus: »Faschismus ist in der Tat Verachtung. Umgekehrt bereitet jede Form der Verachtung, wenn sie in die Politik eingreift, den Faschismus vor oder begründet ihn«.

Die Demokratie muss verteidigt werden, und dazu muss sie Tag für Tag mit Respekt vor den Werten gelebt werden, die in der Verfassung beschrieben sind, einem Text, den leider fast niemand mehr liest und der allzu oft missachtet wird. Diese Verteidigung liegt in der Verantwortung eines jeden Bürgers. Während des Faschismus gründete Carlo Rosselli eine Zeitung mit dem vielsagenden Titel *Gib nicht auf* und erklärt die Bedeutung dieses Engagements folgendermaßen: »Vielleicht wird es keine sichtbare positive Wirkung haben, aber ich fühle, dass wir eine große Aufgabe zu erfüllen haben, indem wir der Generation, die nach uns kommt, Beispiele für Charakter und moralische Stärke geben.«

VII Die beste Demokratie der Welt?

Personenschützer gehören zu einer besonderen Abteilung der Polizei, und das gilt für die verschiedenen Kantons-, Bundes- und Militärpolizeien. Sie haben daher eine spezielle Ausbildung und besuchen zahlreiche Fortbildungen. Während der Begleitung hat jeder seine eigene Rolle, seine eigene Position in Bezug auf die geschützte Person und weiß genau, was er im Notfall zu tun hat. Außerdem müssen sie sich an einen Verhaltenskodex halten, der von ihnen verlangt, diskret zu sein. Kontakte mit der VIP (wie die zu schützende Person im Jargon genannt wird) müssen auf das Wesentliche reduziert und auf die Erfüllung der Schutzaufgabe beschränkt bleiben. Jegliche emotionale Beteiligung und Anspielungen auf die Privatsphäre müssen vermieden werden. Beim Kaffeetrinken sitzen die Agenten nicht am Tisch der VIP.

Das ist die Theorie, und sie ist völlig in Ordnung, wenn man eine VIP zum Wirtschaftsforum in Davos oder zu einer internationalen Konferenz in Genf begleitet. Ganz anders ist es, wenn der Kontakt über einen längeren Zeitraum andauert, wenn man die gleiche Sprache spricht und im gleichen Land oder sogar in der gleichen Region lebt. Ein intensiverer menschlicher Kontakt ist dann unvermeidlich. Für uns war es besonders wertvoll und auch bereichernd. Gian Carlo Caselli, Untersuchungsrichter und Generalstaatsanwalt von Palermo, lebte jahrelang unter Geleitschutz: Seine Kinder nannten die Agenten »Papas Freunde«, und das war auch tatsächlich so. Ein Agent aus Genf sagte mir einmal: »Sie können sich nicht vorstellen, wie viele ›Rumtreiber‹ wir begleiten müssen, von daher ist es uns eine Ehre und ein Vergnügen, heute bei Ihnen zu sein.« Am Ende verbringen wir viele Stunden mit ihnen und reden über alles Mögliche: über die Familie, Probleme der Polizei und der Justiz, das Verhältnis zwischen einem Ermittlungsbeamten und einem Staatsanwalt, das heute ganz anders ist als zu meiner Zeit. Auch über den Zustand der Demokratie in unserem Land.

Wir sind zu Recht stolz auf unsere Demokratie, auf unsere Fähigkeit, verschiedene Sprachen, Kulturen und Religionen so lange nebeneinander existieren zu lassen, und auf die lange Zeit des Friedens und Wohlstands, die unsere Institutionen gewährleisten konnten. Sein Land zu lieben bedeutet auch, seine unvermeidlichen Schwächen zu erforschen, um Verbesserungen anzubringen.

Die Pandemie war ein Lackmustest, sagten wir. Auch für unsere Demokratie. Die Ausrufung des Notstands hat auch wichtige und heikle Fragen über das Funktionieren unserer Institutionen aufgeworfen. Der Föderalismus kam an seine Grenzen, wenn es darum ging, schnell und koordiniert Entscheidungen zu treffen: Es kam zu einer unklaren Kompetenzverteilung und zu langsamen und komplexen Konsultationsmechanismen, die in Zeiten des Notstands nicht funktionieren können. Mit sechsundzwanzig Kantonen, von denen einige sehr klein sind, wird unser Föderalismus langsam inhaltsleer, weil seit Jahren eine unaufhaltsame Dynamik der Übertragung von Kompetenzen an den Bund im Gange ist. Dennoch bin ich überzeugt, dass der Föderalismus einer der Schlüssel zum Erfolg der Schweiz ist. Um ihn zu retten, ist es meiner Meinung nach notwendig, die Struktur der Kantone neu zu gestalten und ihre Anzahl zu verringern, um Einheiten zu schaffen, die in der Lage sind, wichtige und immer komplexere Aufgaben zu übernehmen. Ein Tabuthema, ich weiß. Wie lange noch?

Ich habe sogar noch größere Zweifel am Funktionieren der Demokratie. In einer Notsituation beschließt der Bundesrat selbst und auf unanfechtbare Weise, sich volle Befugnisse zu geben. Natürlich basiert das auf dem Prinzip, dass die Regierung aus vernünftigen Leuten besteht (früher gab es die »sieben Weisen«, ein Ausdruck, der heute nicht mehr verwendet wird, wer weiß warum?) und dass der Bundesrat nur Maßnahmen ergreift, die unbedingt notwendig und den Umständen angemessen sind. Diese Befugnisse beinhalten auch die Kompetenz, die Freiheiten der Bürger einzuschränken oder auszusetzen, ohne dass das Parlament oder die Justiz direkt beteiligt sind. Ist es angemessen, dass die Regierung allein Entscheidungen trifft, die nicht anfechtbar sind? Ich bezweifle es.

Die Ausrufung des Notstands (das Epidemiengesetz spricht von einer »außerordentlichen Lage«) erfolgte auf eine Art und Weise, die gut zum Ausdruck bringt, was ich schon seit einiger Zeit mit großer Sorge beobachte: die kontinuierliche Aushöhlung der legislativen und richterlichen Befugnisse zugunsten der Exekutive, eine verhängnisvolle Dynamik, die leider, wie wir bereits gesehen haben, in fast allen Demokratien zu beobachten ist. Zu Beginn der Pandemie gab es eine Episode, die mich entsetzt hat. Am 15. März 2020 beschlossen die eidgenössischen Kammern, ihre Frühjahrssession zu unterbrechen und die dritte Arbeitswoche wegen des Virus ausfallen zu lassen. Am nächsten Tag erklärte der Bundesrat die Lage für außerordentlich und erteilte sich selbst alle Befugnisse, um die Gesundheitskrise zu bewältigen.

Dass es in diese Richtung gehen würde, war offensichtlich und in internen Kreisen schon seit einigen Tagen bekannt. Aber mir scheint, der Respekt vor den demokratischen Institutionen hätte verlangt, dass die Regierung eine feierliche Ansprache vor der Vereinigten Bundesversammlung gehalten hätte (die Abgeordneten hätten im Saal und auf den Zuschauertribünen mit genügend Abstand verteilt werden können), um die Gründe für diese außergewöhnliche Entscheidung gut zu erläutern. Die Kassierinnen und Kassiere von Migros und

Coop blieben auf ihren Posten, ebenso wie das gesamte medizinische Personal, die Beschäftigten des öffentlichen Nahverkehrs und viele andere. War ein zusätzlicher Sitzungstag für die ehrenwerten Mitglieder wirklich nicht zumutbar?

Das Funktionieren der Demokratie erfordert auch einen gewissen Anstand, ein Ritual, starke Symbole und Respekt zwischen den Gewalten des Staates. Stattdessen zogen sich die Abgeordneten in ihre Häuser zurück und trafen sich erst im Mai wieder zu einer außerordentlichen Sitzung. Diejenigen, die die Debatten verfolgt und die Protokolle dieser Sitzung gelesen haben, konnten nur enttäuscht sein über das Niveau der Diskussionen, das an Beleidigung grenzte; ein Einblick in das demokratische Leben, das sicherlich nicht den Standards eines historischen Moments entsprach, den als außergewöhnlich zu bezeichnen nicht unangebracht ist.

Notstandssituationen sollten außergewöhnlich sein und daher in einer funktionierenden Demokratie sehr selten vorkommen. In den letzten Jahren hat sich der Bundesrat etliche außergewöhnliche Befugnisse angemaßt: 2008 in der UBS-Pleite,

Die Tinner-Affäre

Bei der Tinner-Affäre ging es um den Schweizer Ingenieur Friedrich Tinner und seine beiden Söhne Urs und Marco, die 2004 unter dem Verdacht verhaftet wurden, in Zusammenarbeit mit dem Erfinder der pakistanischen Atombombe, Abdul Qadeer Khan, zur Verbreitung von Nukleartechnologie beigetragen zu haben. Um illegale CIA-Aktivitäten zu verschleiern, ordnete Bundesrat Christoph Blocher unter amerikanischem Druck die Beschlagnahmung und Vernichtung der Akten der laufenden Untersuchung bei der Bundesanwaltschaft an. Eine beispiellose und in meinen Augen skandalöse Maßnahme.

auch 2008 – im März, um genau zu sein – in der Tinner-Affäre; 2020, wie gesagt, zur Bewältigung der Pandemie und 2023 zur Rettung der Credit Suisse. Im letzteren Fall war die Ohnmacht des Parlaments besonders eklatant. Der von der Regierung beschlossene Kredit in Höhe von 109 Milliarden Franken wurde dann von der Mehrheit der Abgeordneten abgelehnt, eine Ablehnung, die jedoch völlig irrelevant war, da der Bundesrat aufgrund des von ihm ausgerufenen Notstandes bereits endgültig entschieden hatte. Die UBS schluckt also die Credit Suisse, die dank der Intervention des Bundes billig zu haben war, und schafft damit etwas, das manche nicht ganz zu Unrecht als Monster bezeichnen: die Bilanzsumme der UBS ist jetzt mehr als doppelt so hoch wie das Bruttoinlandsprodukt der Schweiz!

Doch nun hat sich herausgestellt, dass die Gesetzgebung zur Überwachung der Großbanken völlig unzureichend ist: Das neue Bankunternehmen stellt somit ein großes Risiko für unser Land dar. Viele fragen sich, was an dem Tag passieren wird, an dem die neue UBS in die Lage kommen sollte, Hilfe anzufordern. Eine Annahme, die nicht ganz unbegründet ist, wenn man bedenkt, dass die öffentliche Hand in nur fünfzehn Jahren bereits zweimal eingreifen musste, um eine große, systemrelevante Bank zu retten. Beim nächsten Mal wird es keine Schweizer Bank geben, die die UBS auffangen kann, und der Staat wird nicht genug Mittel haben, um sie zu retten. Der Zusammenbruch der Bank wird auch einen großen Teil unserer Wirtschaft mit in den Abgrund reißen. Vielleicht werden wir dann von Katar oder Saudi-Arabien gerettet. Eine beunruhigende Aussicht.

Die Existenz eines solchen Finanzinstituts wirft auch ernste institutionelle Probleme auf, wenn man seine Macht und seine Fähigkeit bedenkt, Politik und Wirtschaft zu beeinflussen und die von seinem Management gewünschten Entscheidungen durchzusetzen. Schon der alte Paradeplatz war mächtig und hatte breite Unterstützung im Parlament, ganz zu schweigen von dem neuen Koloss! Statt langwierige Debatten über eine Abstimmung ohne jegliche praktische Folgen zu führen, hätte sich das Parlament besser auf diese Fragen und auf neue Gesetze zur Risikominderung konzentriert. Jeder Versuch, dies zu tun, wurde bisher erfolgreich von der Bankenlobby blockiert. Die Chefs der großen Bank können machen, was sie wollen. Sie wissen, dass sie nicht bankrott gehen werden, weil immer der Steuerzahler einspringen muss, um zu retten – und für dieses Risiko der öffentlichen Hand wird kein einziger Franken an Versicherungsprämie gezahlt (die sich laut einigen Experten auf mehrere Milliarden pro Jahr belaufen würde). Kurz gesagt: *»Too big to fail«*. Und für die Bosse: *»Too big to jail«!*

Es gibt zweifelsohne unvorhersehbare und außergewöhnliche Situationen, die sofortige Entscheidungen erfordern und den normalen demokratischen Prozess nicht zulassen. Im Fall der Pandemie denke ich, dass wir uns in einer solchen Situation befanden, auch wenn, wie bereits erwähnt, die Form der Entscheidung anders und mit mehr Respekt vor dem Parlament hätte ausfallen müssen (das seinerseits noch einen Tag hätte warten können, bevor es nach Hause rannte). Im Fall von Credit Suisse ist klar, dass es darum ging, eine dringende Entscheidung zu treffen, bevor es zu einem Ansturm auf die Schalter kam. Das Schlimme ist jedoch, dass das Ereignis in diesem Fall nicht so unvorhersehbar war wie die Pandemie. Wenn die Regierung, die FINMA (die Eidgenössische Finanzmarktaufsicht) und die Schweizerische Nationalbank ihre Hausaufgaben gemacht hätten, wäre es nie so weit gekommen.

An Anzeichen, dass die Situation besorgniserregend war, mangelte es nicht. Es genügt zu sagen, dass ich in meinem Buch *Sous haute protection* (Favre, 2023) darauf hinwies, dass zu der Zeit, als ich das Buch schrieb, in mehreren Ländern Gerichtsverfahren gegen diese Bank liefen, dass sie bereits Dutzende Milliarden Strafe zahlen musste und dass ihre Aktien von 94 auf weniger als 3 Franken gefallen waren. Dies, nachdem ich erwähnt hatte, wie die Credit Suisse bereits Jahre zuvor (2008) von den Petromonarchien gerettet worden war. Ich schrieb auch, dass das Verhalten der beiden großen Banken zunehmend dem einer kriminellen Vereinigung glich.

Inzwischen ist bekannt, dass die zuständige US-Behörde, die Securities and Exchange Commission, bereits Mitte 2022 gegen die Bank ermittelte: Kann es sein, dass in der Schweiz niemand davon wusste? Warum sahen die Behörden tatenlos zu, um sich dann an einem Sonntag im März für eine überstürzte Lösung zu entscheiden, bei der über hundert Milliarden an öffentlichen Geldern eingesetzt wurden? Finanzministerin Karin Keller-Sutter hatte den Mut (man könnte auch sagen: die Unverfrorenheit) zu erklären: »Dies ist kein Bailout. Es ist eine kommerzielle Lösung.«[25] Aber wenn es sich wirklich um eine Handelstransaktion zwischen privaten Banken handelte, warum dann das Geld der Steuerzahler?

Keller-Suters Vorgänger Ueli Maurer hatte in seiner Rede zur Erläuterung der (ablehnenden) Position des Bundesrats zur Vollgeld-Initiative 2018 erklärt, dass die Schweiz einer der sichersten Finanzplätze der Welt sei. Doch die Risse in der historischen Bank, die 1856 von Alfred Escher gegründet worden war, waren schon damals deutlich sichtbar. Wenn eine Bank am Rande des Zusammenbruchs steht, stellt das Gesetz die entsprechenden Instrumente bereit, und die FINMA hätte eingreifen müssen. In der Eile und Improvisation zog man es vor, der UBS ein schönes Geschenk zu machen (und die Aktionäre der Credit Suisse zu schützen, zu denen auch Saudi-Arabien gehört). Entscheidungen, die uns teuer zu stehen kommen könnten.

Die Bankenlobby hatte schon immer einen wichtigen Einfluss auf die Politik in unserem Land, und zwar so sehr, dass der Zürcher Paradeplatz, Sitz der beiden Großbanken, als achter Bundesrat galt. Ein Einfluss, der in der Tat nicht immer positiv war! Erinnern wir uns an den Skandal um die jüdischen Fonds, der dem Image der Schweiz so sehr geschadet hat, und an die Weigerung, eine echte Diskussion über den wichtigen Bergier-Bericht zu eröffnen, der sich mit der Rolle der Schweiz (und insbesondere der Banken) im Zweiten Weltkrieg befasste; oder an den Konkurs der Swissair (die Banken weigerten sich, sie zu retten); das unrühmliche Ende des Bankgeheimnisses (das wir erlitten, nicht selbst herbeigeführt haben); schließlich an den Zusammenbruch erst der UBS und dann der Credit Suisse, die beide mit Steuergeldern in Notsituationen gerettet wurden.

Es wurde berichtet, dass Bundesrat Maurer bereits mehrere Monate vor dem berühmten »Rettungs«-Wochenende Kontakte mit den Chefs der FINMA und der Nationalbank hatte, bei denen die verschiedenen Hypothesen über die Zukunft der Credit Suisse besprochen wurden. Im Jahr 2019 hatte Maurer selbst mit einem einfachen Dekret einige Vorschriften für die Banken gelockert. Wie viele seiner Kollegen betrachtete er den Bankensektor nicht nur als vorrangig, sondern auch als absolut zuverlässig und hielt es für wichtig, die von den Banken geäußerten Wünsche umgehend zu erfüllen.

Nicht so Bundesrätin Eveline Widmer-Schlumpf, die für die Durchsetzung der »too big to fail«-Gesetzgebung hart arbeiten musste. Bis zuletzt kämpfte die Bankenwelt (unter ihnen in der ersten Reihe der Präsident der Credit Suisse, Urs Rohner) dafür, die vorgeschlagenen Regeln abzuschwächen. Im Parlament wurde die Angelegenheit heiß diskutiert und endete erst im Vermittlungsausschuss der beiden Räte mit einem Streit zwischen zwei Tessiner Abgeordneten der gleichen Partei. Unnötig zu erwähnen, auf welcher Seite ich stand.

Wie wird unsere Demokratie von anderen gesehen? Man bewundert sie, sicherlich, vielleicht beneidet man uns sogar darum. Es gibt unendlich viele Formen der Demokratie, und die meisten von ihnen lassen sich nicht von einer Realität in eine andere übertragen. Sie entwickeln sich je nach der Geschichte des Landes, den kulturellen Bedingungen und den sozioökonomischen Gegebenheiten weiter oder gehen zurück. Das Schweizer Modell, das für ein kleines Land mit einer langen Geschichte geeignet ist, würde in keinem seiner Nachbarländer funktionieren. Unsere so berühmte direkte Demokratie (eigentlich eine falsche Bezeichnung, sie ist eher halbdirekt) wird zwar im Ausland gelobt, aber von Kreisen, die aus demokratischer Sicht generell wenig zu empfehlen sind (etwa von den rechtsextremen Bewegungen in Frankreich und Deutschland oder von den Fünf Sternen in Italien).

Für viele Demokratien bleibt die Volksäußerung auf Parlamentswahlen beschränkt. So machten zum Beispiel die Gründerväter der amerikanischen Demokratie keinen Hehl daraus, dass sie der Beteiligung des Volkes an zeitnahen politischen Entscheidungen misstrauten. Sie fürchteten Emotionalität, Manipulierbarkeit und die Unfähigkeit der Bürgerinnen und Bürger, bestimmte Themen zu verstehen, und wollten verhindern, dass das Ergebnis vom Zufall, zum Beispiel von der Wahlbeteiligung, abhing.

Heute gibt es Stimmen, die dem traditionellen Demokratiekonzept entschieden ablehnend gegenüberstehen, wie Jason Brennan, Professor an der renommierten

Georgetown University, der argumentiert, dass Regieren Kompetenz voraussetzt und dass das Wahlrecht daher nach diesem Prinzip vergeben werden sollte.[26] Gegen die direkte Demokratie äußert sich auch Francesco Pallante, Verfassungsrechtler an der Universität Turin, der meint, es sei einfach gefährlich zu denken, dass diese Form der Volksbeteiligung ein adäquates Heilmittel für die aktuellen Missstände in der Demokratie sein könnte; tatsächlich könnte eine solche Wahl nur zu einer Tyrannei der jeweiligen Mehrheiten führen.[27]

Heute gilt in allen Demokratien das Prinzip *eine Person – eine Stimme.* Einer der großen Vertreter des Liberalismus, John Stuart Mill, sprach sich für ein allgemeines Wahlrecht aus, das auch Frauen offenstehen sollte – ein für die damalige Zeit revolutionärer Vorschlag. Seine berühmte Rede von 1867 wurde zu einem echten Manifest der Frauenbewegung, was für einen Ökonomen aus dem britischen Bürgertum sehr überraschend ist. »Cherchez la femme, pardieu!« (ein Ausdruck, der anscheinend zum ersten Mal von Alexandre Dumas in einem Roman von 1854 verwendet wurde).

Stuart Mills Frau, Harriet Taylor, war eine Philosophin, die sich sehr für die Sache der Frauen und die Gleichstellung der Geschlechter einsetzte, und es besteht kein Zweifel daran, dass sie zumindest in diesem Punkt großen Einfluss auf ihren Mann hatte. Mill war sich durchaus bewusst, dass Kapitalismus und Demokratie Ungeheuer hervorbringen können und dass die Mehrheit zum Tyrannen werden kann. Und hier ist nun sein Vorschlag, der ziemlich erstaunlich ist, wenn man bedenkt, dass er von einer Ikone des Liberalismus stammt: Das Wahlrecht für alle, natürlich, aber ohne allen das gleiche Gewicht zu geben. Seiner Idee nach sollte die Stimme der gebildetsten und weisesten Menschen (die eine Art Laienklerus darstellen würden) viel mehr zählen als die des einfachen Bürgers, der oft unwissend und nicht immer in der Lage sei, weise Entscheidungen zu treffen und emotionale und unbegründete Entscheidungen zu vermeiden.

Demokratie wird in Zeit und Raum sehr unterschiedlich verstanden. Unsere direkte Demokratie stößt nicht auf so viel Sympathie, wie wir vielleicht erwarten. Die angesehene Zeitschrift *The Economist*, die seit fast zwei Jahrhunderten eine sehr liberale, das heißt marktwirtschaftliche Linie (pro Deregulierung und pro Globalisierung) vertritt, untersucht jedes Jahr den Zustand der Demokratie in der Welt und erstellt einen »Democracy Index«. Ich erwarte, wie wahrscheinlich jeder andere Schweizer, dass mein Land auf dem ersten Platz landet. Sein Rang in der Liste von *The Economist* ist ehrenwert, sagen wir mal so, aber er könnte besser sein. Laut dem Index vom Jahr 2022 liegen wir auf dem siebten Platz: wir haben unsere Position im Vergleich zu den Vorjahren verbessert und Taiwan überholt, das über Jahre vor uns lag, und immerhin noch gleich hinter uns liegt. An erster Stelle steht Norwegen, gefolgt von Neuseeland und den anderen nordischen Ländern.

Interessanterweise sind die Positionen im Korruptionswahrnehmungsindex, der jährlich von Transparency International erstellt wird, im Großen und Ganzen ähnlich: Die Schweiz liegt auch da auf dem siebten Platz, während Dänemark, Finnland, Neuseeland und Norwegen die Spitzenplätze belegen. Bei der Pressefreiheit liegt Norwegen in der von Reporter ohne Grenzen erstellten Rangliste erneut an erster Stelle, gefolgt von den Nachbarländern Dänemark und Schweden, während die Schweiz nur an zwölfter Stelle liegt. Diese Indizes werden anhand zahlreicher Kriterien berechnet und weisen dennoch einen mehr oder weniger großen Ermessensspielraum auf. Das bedeutet nicht, dass sie bedeutungslos sind. Die Kriterien, die zum Beispiel von *The Economist* verwendet werden, sind sehr detailliert und transparent.

Taiwan und Chinas Diktate

Taiwan gilt als eine der besten Demokratien der Welt. Viele bewundern es, aber kaum jemand erkennt es als unabhängigen Staat an, obwohl es eigentlich unabhängiger ist als viele andere. Dies geschieht, um der Volksrepublik China zu gefallen, einem autoritären Land, das sich nicht um den Schutz der Menschenrechte schert und die Insel als sein eigenes Territorium beansprucht (ein Anspruch, der historisch höchst fragwürdig ist). Die Vertretung Taiwans in Bern ist auf eine reine Wirtschafts- und Kulturdelegation reduziert, und es ist absolut unvorstellbar, dass ein Bundesrat nach Taipeh reist oder einen taiwanesischen Demokraten im Bundeshaus empfängt. Taiwan wurde 1971 aus der UNO ausgeschlossen, weil China es so wollte, und alle beugten sich. Nordkorea ja, Taiwan nein, unter Missachtung der schönen Worte der UNO-Charta.

Wir sind nicht die Ersten, aber auch nicht weit von der Spitzengruppe entfernt. Auf jeden Fall bestätigt sich: Sehr oft und über fast alles abstimmen zu können, garantiert noch lange nicht, als die beste Demokratie zu gelten. Ich betone *fast* alles, denn zwar haben wir über Kuhhörner abstimmen dürfen, doch konnten wir nicht über die Milliarden abstimmen, die den beiden Großbanken zur Verfügung gestellt wurden, oder über den milliardenschweren Vertrag mit den USA über den Kauf von Kampfflugzeugen, ein Vertrag, der eine nicht unerhebliche politische Bedeutung hatte (wäre es nicht politisch sinnvoller gewesen, ein europäisches Flugzeug zu kaufen, das zudem billiger war?).

Was sind also die kritischen Punkte unserer Demokratie? Natürlich können die Meinungen je nach Wertvorstellungen und politischen Empfindlichkeiten unterschiedlich ausfallen. Ich habe bereits meine Besorgnis über die derzeitige Dynamik zum Ausdruck gebracht: die Verschärfung des Ungleichgewichts zwischen den Staatsgewalten, die jenen grundlegenden Mechanismus schwächt, den die Angelsachsen *checks and balances* nennen.

Auch auf der Ebene der Gewaltenteilung müssen gewisse Vorbehalte geäußert werden, insbesondere im Hinblick auf die Methode zur Ernennung von Richtern und Staatsanwälten, die nicht nur auf einer strikt parteipolitischen Aufteilung beruht, sondern auch auf dem Prinzip der regelmäßigen Wiederwahl, was in krassem Gegensatz zu den internationalen Standards für die Unabhängigkeit der Richter steht. In unserem Land ist es nämlich gängige Praxis, dass der ernannte Richter ein Honorar an die Partei zahlt, die ihn nominiert hat. Die Wiederwahl wird so zu einem Druckmittel der Partei, die beschließen kann, den Kandidaten nicht zu unterstützen (und damit seine Wiederernennung zu gefährden), wenn er die Gebühr nicht bezahlt oder wenn seine Entscheidungen der Partei missfallen.

Typisch dafür der Fall Emmen. Der Einwohnerrat der Stadt im Kanton Luzern hatte beschlossen, Kandidaten, deren Nachnamen auf -ic endeten, die Staatsbürgerschaft zu verweigern. Das Bundesgericht hob diesen Beschluss auf und stellte fest, dass die Verweigerung der Staatsbürgerschaft zulässig ist, sofern objektive Gründe vorliegen; die Endung des Nachnamens kann sicherlich kein objektives Kriterium für diese Verweigerung darstellen. Dies ist in der Tat pure Diskriminierung und Rassismus. Ein klares Urteil also, das jeder vernünftige Mensch verstehen kann. Dennoch drohte der damalige Präsident der Schweizerischen Volkspartei, Ueli Maurer, öffentlich damit, die Richter, die an dieser Entscheidung mitgewirkt hatten, nicht wieder zu wählen.

Die uneingeschränkte Teilnahmemöglichkeit bei Wahlen hat einen unbestreitbaren Vorteil: Sie verleiht der Wahl eine hohe Legitimität und lässt in der Regel auch nach erbitterten Auseinandersetzungen während des Wahlkampfs, die dem Urteil an der Wahlurne vorausgehen, jede Kontroverse verstummen. Die Entscheidung wurde von den Bürgern getroffen und es ist nicht möglich, die Verantwortung dafür der Regierung oder dem Parlament zuzuschreiben. Aber es gibt auch Aspekte, die man kritisch sehen kann. Ich gehöre zu denjenigen, die der Meinung sind, dass unsere direkte Demokratie schon seit einiger Zeit überfordert ist und deutliche Stresssymptome zeigt. Zu viele Initiativen, zu viele Abstimmungen über die unterschiedlichsten Themen (eher selten über wirkliche und grundlegende Entscheidungen, die die Gesellschaft betreffen): Der Bürger, selbst der fleißigste, fühlt sich von der Anzahl und Komplexität der ihm vorgelegten Themen überfordert. Die Wahlbeteiligung ist ein weiterer wunder Punkt, da es nur schon schwierig geworden ist, wenigstens die Hälfte der Wahlberechtigten an die Urnen zu locken. Einige Politikwissenschaftler sagen, wichtig sei es, die Möglichkeit zur Teilnahme zu haben und dass die Meinung derjenigen, die an der Wahl teilnehmen, in der Regel ohnehin der Meinung der Wahlberechtigten insgesamt entspreche.

Das sehe ich anders. Die Demokratie, die wahre Demokratie, erfordert eine aktive Beteiligung, und wenn sich das Ergebnis durch eine höhere Beteiligung nicht ändert, können wir uns genauso gut auf Meinungsumfragen beschränken. Ich finde, wir sollten über weniger Themen abstimmen und uns auf die wichtigsten konzentrieren. Es ist nicht einfach, die Quadratur des Kreises zu schaffen. Die Erhöhung der Zahl der erforderlichen Unterschriften für Initiativen und Referenden könnte eine Teillösung sein. Denn je geringer die Beteiligung, desto mehr besteht die Gefahr, dass das Ergebnis zufällig ist, eine Art russisches Roulette. Wirksamer und drastischer wäre es vielleicht, eine Mindestquote für die Beteiligung festzulegen, und wenn diese nicht erreicht wird, dann würde die Abstimmung für ungültig erklärt.

Zu den kritischen Aspekten kommt ein Phänomen hinzu, das immer mehr an Bedeutung gewinnt: die professionelle Unterschriftensammlung gegen Bezahlung, das heißt die Kommerzialisierung der Unterschriftensammlung, die einer lebendigen Demokratie unwürdig ist; ich würde sogar fast sagen, dass sie eine Degeneration ihres eigentlichen Geistes darstellt, denn wer viel Geld für Kampagnen ausgeben kann, hat bessere Chancen zu gewinnen. Die immer höheren Summen, die in Volksabstimmungen investiert werden, sind ein klarer Beweis dafür.

»Souveränes Volk«, »Weisheit des Volkes« sind Ausdrücke, die wir gerne wiederholen, um die Tugenden unserer (sogenannten) direkten Demokratie zu preisen. Ein demokratischer Staat muss auch darauf achten, dass das System ausgewogen bleibt, und verhindert, dass eine Macht die Oberhand über die anderen gewinnt, auf die Gefahr hin, die Rechte und Freiheiten der Bürger einzuschränken. Die berühmten *checks and balances*! Wer kontrolliert die Menschen, die, wie wir in der Geschichte gesehen haben, bei aufgeheizten Emotionen manipuliert werden können und dann unter Umständen Entscheidungen treffen, die zur Zerstörung der Demokratie selbst beitragen können?

Das Problem stellt sich vor allem bei Bürgerinitiativen, die diskriminierende Bestimmungen enthalten könnten und damit gegen die Grundprinzipien der Rechtsstaatlichkeit verstoßen. Das Parlament wäre in solchen Fällen verpflichtet, die Gültigkeit der Volksinitiative zu prüfen und dabei insbesondere die Einhaltung des Grundsatzes der Einheit der Materie und die Übereinstimmung mit den verbindlichen Bestimmungen des Völkerrechts zu beurteilen.[78] Die eidgenössischen Räte machen von dieser Pflicht nur äußerst ungern Gebrauch, weil sie befürchten, dass man ihnen vorwirft, die Rechte des Volkes einschränken zu wollen; daher ist es besser, sich auf die »Weisheit des Volkes« zu verlassen.

Die Volksinitiative gegen die Masseneinwanderung, die 2014 sehr knapp vom Volk angenommen wurde, ist ein beredtes Beispiel für eine gewisse Nonchalance und mangelnde Strenge des Parlaments bei der Beurteilung der formalen Anforderungen von Initiativen. Wenn die Initiative buchstabengetreu umgesetzt worden wäre, hätte das die Kündigung einer ganzen Reihe von Abkommen mit der Europäischen Union impliziert, insbesondere derjenigen, die sich auf das Prinzip der Freizügigkeit beziehen. Meiner Meinung nach war bei dieser Initiative die Einheit der Materie nicht gegeben, und es hätten bei der Abstimmung zwei Fragen gestellt werden müssen: Wollen Sie die Abkommen mit der EU kündigen und wenn ja, nehmen Sie die Initiative an? Tatsächlich entspricht das Gesetz, das die neue Verfassungsbestimmung umsetzt, nur teilweise dem, was die Initianten wollten, und erfüllt daher nicht das, wofür die Mehrheit des Volkes und der Kantone gestimmt hat.

Die SVP selbst protestierte zwar gegen die Form der Umsetzung, unternahm aber nicht viel, im Wissen, dass die vollständige Umsetzung des Initiativtextes potenziell katastrophale Folgen gehabt hätte – Folgen, die sie ihren Wählern verheimlicht hatte und für die sie nicht bereit war, die Verantwortung zu übernehmen. Es gibt noch weitere Beispiele, die deutlich zeigen, dass weder das Parlament noch die Regierung bereit sind, das Risiko einzugehen, die Initiativregeln mit der nötigen Strenge anzuwenden, aus Angst, als undemokratisch bezeichnet zu werden.

Ich bin mit der Vorstellung aufgewachsen, dass unsere Demokratie die beste der Welt ist. Auch heute denke ich noch, dass sie eine der besten ist (auch wegen der Defizite der Demokratien in anderen Ländern). Diese Überzeugung, die allgemein geteilt wurde, übersah einen großen Makel: Frauen – die Hälfte der Schweizer Bevölkerung! – konnten weder wählen noch, wenn sie verheiratet waren, ein eigenes Bankkonto eröffnen. Zu Beginn unserer Ehe – die zwar lange zurückliegt, aber nicht bis ins Mittelalter! – konnte ich wählen, meine Frau nicht (zumindest auf Bundesebene), eine Diskriminierung, die in allen anderen Demokratien der Welt längst undenkar war. Hüten wir uns also vor absoluten Grundsätzen wie »Das Volk hat immer recht« oder vor dem Glauben, dass »immer die Weisheit die Entscheidungen des Volkes leitet«. Und dann: Von welchem Volk reden wir überhaupt? Von allen Einwohnern des Landes, von den wahren

Schweizern, von denen, die wählen, oder von denen, die zu Hause bleiben? Das Thema ist komplex und verdient eine eigene Diskussion. Wir haben bereits darauf hingewiesen: Das Volk (diejenigen, die wählen, und diejenigen, die es beeinflussen) kann auch Fehler machen, oft auf tragische Weise.

Fast alle modernen Demokratien haben – jede mit ihren eigenen Besonderheiten und Regeln – einen Obersten Gerichtshof eingerichtet: eine Justizbehörde, deren wesentliche Aufgabe es ist, die Rechtsstaatlichkeit und die Achtung der Verfassung zu gewährleisten. In der Schweiz wurde ein solches Verfassungsgericht mehrfach diskutiert, allerdings eher zaghaft, denn die Parteien wissen genau, dass die Schaffung einer solchen Instanz die Hürde einer Volksabstimmung kaum nehmen könnte. Es wäre so einfach, das Schreckgespenst einer Herrschaft der Roben und des Abbaus der Volksrechte zu beschwören!

Doch wenn man ein bisschen überlegen würde, würde man erkennen, dass ein solches Gericht das Grundprinzip einer Demokratie, *check and balance*, stärken und verhindern würde, dass Entscheidungen von momentanen Emotionen und unbegründeten Argumenten diktiert werden. Im italienischen Recht wird das Verfassungsgericht zum Beispiel so definiert: »Das Gericht ist der Richter über die Rechtmäßigkeit von Gesetzen: Es stellt fest, ob ein Gesetz bestehen kann oder nicht, und es hebt die Regeln auf, die der Verfassung widersprechen.«[29] Das Schweizer Bundesgericht hat eine sehr eingeschränkte Funktion als Verfassungsgerichtshof, da er an die vom Parlament beschlossenen Gesetze gebunden ist, selbst wenn diese offensichtlich gegen den gesunden Menschenverstand oder gegen die Verfassung verstoßen.

Das Thema ist sehr komplex und ich will hier nicht ins Detail gehen. Ich möchte jedoch vereinfachend festhalten, dass das Bundesgericht als Verfassungsgerichtsbarkeit für kantonale Gesetze und Entscheidungen gilt, die eindeutig willkürlich erscheinen. Mit der föderalen Vereinheitlichung der Straf- und Zivilverfahren und der damit verbundenen Abschaffung der entsprechenden kantonalen Gesetzbücher wurde die Rolle des Bundesgerichts als Verfassungsrichter weiter eingeschränkt.

Aus Angst vor dem Urteil des Volkes sieht die Politik also davon ab, sich ernsthaft mit bestimmten komplexen, aber wichtigen Fragen zu befassen, und verzichtet damit auf ihre wesentliche Aufgabe, nämlich die Förderung einer Demokratie, die immer mehr auf die Rechte und das Wohlergehen aller achtet.

Zwei Beispiele zeigen überzeugend, dass eine Verfassungsinstanz nicht Kriminelle, wie manche behaupten, sondern alle Bürger schützen würde. Bis vor einigen Jahrzehnten sah das Schweizer Steuerrecht vor, dass jeder, der Vermögen erbte, das von seinen Eltern nicht bei den Steuerbehörden angemeldet worden war, nicht nur die unterschlagenen Beträge (für den noch nicht verstrichenen Zeitraum), sondern auch eine Geldstrafe zahlen musste, obwohl der Erbe nichts gegen das Gesetz getan hatte (im Gegenteil, er meldete oft spontan das »schwarze« Geld), entgegen dem Grundsatz, dass eine Strafe nur den Täter treffen sollte, und dass die Schuld der Väter nicht den Söhnen angelastet werden darf!

Zweites Beispiel: Bis vor kurzem befand sich eine Person, die an Krebs erkrankt war, der durch Asbest verursacht wurde, weil ihr Arbeitgeber es versäumt hatte, Schutzvorschriften umzusetzen, in der Lage, dass sie von ihm keine Entschädigung erhalten konnte. Grund: Da diese Krankheit erst mehrere Jahre nach der Asbestexposition ausbricht, konnten Klagen erst eingereicht werden, wenn die Verjährungsfrist bereits abgelaufen war.

In beiden Fällen sagt uns schon der gesunde Menschenverstand, dass wir es hier mit absurden Situationen und himmelschreiender Ungerechtigkeit zu tun haben. Doch das Bundesgericht konnte nichts tun, da er sich an das Bundesgesetz halten musste: eine Geldstrafe für den ehrlichen Erben und keine Entschädigung für den Krebspatienten, der durch Verschulden des Arbeitgebers dem Asbest ausgesetzt war. Es bedurfte des Europäischen Gerichtshofs für Menschenrechte, um unser Land daran zu erinnern, die Grundrechte seiner Bürger zu achten. Dank der Richter des Straßburger Gerichtshofs war die Schweiz gezwungen, die fraglichen Vorschriften zu ändern, um alle besser zu schützen. Nach langwierigen Diskussionen beschloss das Parlament schließlich, die Verjährungsfrist bei Asbesterkrankungen von zehn auf zwanzig Jahre zu verdoppeln. Der Europäische Gerichtshof für Menschenrechte hat also in diesen Fällen die Rolle des Verfassungsgerichts übernommen, das wir nicht haben. Und das ist meiner Meinung nach eine große Lücke in unserem Rechtsstaat und unserer Demokratie. Schade, dass wir nicht darüber sprechen.

Auch die Zusammensetzung und Funktionsweise unserer Regierung sollte kritisch untersucht werden. Ich denke dabei an die Bundesräte, die ich bei der Arbeit gesehen habe und die gezwungen sind, vor der Fraktion, den Ausschüssen der beiden Kammern und den beiden Plenumsversammlungen die gleichen Dinge zu wiederholen und in den Kommissionssitzungen auf alle Detailforderungen zu antworten. Ich habe mich oft gefragt, wie es möglich wäre, dass die Regierenden die Zeit und die Ruhe finden, um nachzudenken, abzuwägen, sich die Zukunft vorzustellen bei all den Zwängen, sich dem unmittelbar Anstehenden zu stellen. Ja, ich fürchte, dass der Großteil der Energie in die Erledigung der kurzfristigen Aufgaben investiert wird, in die Reaktion auf das Dringlichste, anstatt wichtige Geschäfte von morgen zu antizipieren.

Das wird deutlich, wenn wir uns ansehen, wie mit Themen wie den jüdischen Vermögen, Swissair, dem Ausstieg aus dem Bankgeheimnis, den Tinner- und Crypto-Affären, UBS, Credit Suisse und den Beziehungen zu Europa umgegangen worden ist. Ein tiefgreifendes Umdenken in der Art zu regieren ist erforderlich, selbst in unserer bewundernswerten Demokratie.

Ich wage es nicht, Lösungen punkto Bundesratszusammenstellung vorzuschlagen, aber es erscheint mir dringend notwendig, eine breite Debatte auf allen Ebenen der Gesellschaft zu eröffnen. Ist die Beteiligung aller großen Parteien an der Regierung noch zeitgemäß? Die Frage ist legitim, wenn man bedenkt, dass die Partei mit den

Die CryptoAffäre

Crypto ist der Name einer Firma, die seit Jahrzehnten in Zug ausgeklügelte Geräte herstellt, mit denen Nachrichten sicher verschlüsselt werden können. Diese Geräte werden fast ausschließlich von Staaten für die Kommunikation mit ihren Vertretungen im Ausland verwendet. Erst vor kurzem wurde bekannt, dass die betreffende Firma, die die Geräte fast in die ganze Welt verkaufte, während einer gewissen Zeit von der CIA zusammen mit dem deutschen Geheimdienst kontrolliert wurde. Die gelieferten Geräte verfügten über eine versteckte Vorrichtung, die es dem US-Geheimdienst ermöglichte, die Kommunikation nicht nur von als feindlich betrachteten Ländern, sondern auch von eigenen Verbündeten zu überwachen. Eine Affäre, die sich über mehrere Jahrzehnte hinzog.

Die Schweizer Behörden behaupteten, nichts davon zu wissen. Aber wieso? Ist es möglich, dass sie sich nie gefragt haben, wer hinter einem Unternehmen steckt, das Produkte von hohem strategischem Wert vertreibt, deren Export dem SECO gemeldet werden muss? Ist es möglich, dass das SECO nichts von den Aktivitäten zweier ausländischer Nachrichtendienste in seinem Hoheitsgebiet wusste? Als eines dieser Geräte in den Iran geliefert wurde, riskierten wir einen schweren Zwischenfall. Die Iraner wussten sofort, dass das Gerät manipuliert war. Der Schweizer Ingenieur, der die Lieferung vorgenommen hatte, wurde 1992 verhaftet und blieb mehrere Monate im Gefängnis.

Auch dies scheint Bern nicht die Augen geöffnet zu haben. Es gibt zwei Möglichkeiten: Entweder haben wir einen völlig inkompetenten Nachrichtendienst oder jemand lügt. Offensichtlich ist die zweite Hypothese die wahrscheinlichere. Spätestens seit 1992, also seit die Iraner die Manipulation entdeckten, hat die (neutrale!) Schweiz es zugelassen, und spätestens seit 2018 scheint es, dass sie auch aktiv an der Bespitzelung von Freunden und weniger guten Freunden (wir haben keine Feinde!) beteiligt war. Aber die offizielle Schweiz will sich damit nicht befassen, und die USA und Deutschland sind dafür dankbar.

meisten Stimmen heute offensichtlich gleichzeitig die Rolle der Regierungs- und der Oppositionspartei spielt. Die Kollegialität nimmt damit etwas groteske Züge an, die meiner Meinung nach der Glaubwürdigkeit der Politik schaden. Warum soll Alain Berset die Rede halten, in der sich der Bundesrat gegen die Konzernverantwortungsinitiative aussprach, wo doch jeder wusste, dass er diese Position nicht teilte und sein Departement nichts mit dem Thema zu tun hatte? Noch schlimmer ist, dass Bundesrat Albert Rösti 2023 das Klimagesetz verteidigen musste, gegen das er selbst zuvor das Referendum ergriffen hatte! Ich verstehe, dass ein Minister, der in einer Minderheitsposition ist, nicht die Mehrheitsposition bekämpft, aber ich empfinde ein Unbehagen, wenn ich sehe, dass er in seiner öffentlichen Rolle Argumente unterstützt, die er eigentlich bekämpft.

Die berühmte Kollegialität scheint nicht so kollegial zu sein, wie man es sich wünschen würde. Sie fördert Departementalismus und verhindert vor allem das rechtzeitige und entschlossene Anpacken wichtiger übergreifender Themen. Das Europadossier ist leider ein gutes Beispiel. Es ist nicht klar, was die Regierung will. Das geplante Rahmenabkommen mit der EU wurde beerdigt, ohne dass eine tragfähige Alternative vorhanden gewesen wäre – eine Entscheidung, die zudem ohne die Beteiligung des Parlaments oder der Bevölkerung getroffen wurde. Die Beziehungen zu Europa sind für unser Land von grundlegender Bedeutung: für die Wirtschaft, die Forschung, die Verteidigung und die Möglichkeit, sich aktiv an der Bewältigung von Problemen zu beteiligen, die den Kontinent und die ganze Welt betreffen. Die Zukunft der Schweiz liegt in Europa, dessen Geschichte, Kultur und Interessen wir teilen, in einer zunehmend fragmentierten und unsicheren Welt.

Wenn wir von Demokratie sprechen, bleibt die schwierigste und beunruhigendste Frage die nach ihrer Fähigkeit, die enormen Herausforderungen zu bewältigen, die dringende und koordinierte Antworten erfordern, denn noch nie zuvor wurde die Existenz der Welt, in der wir leben, so sehr wie heute infrage gestellt. Ich denke dabei an den Klimawandel, die Spaltung der Gesellschaften, die durch einen zunehmend zynischen und räuberischen Kapitalismus gefördert wird, den Zusammenbruch der Artenvielfalt (unzählige Arten verschwinden immer schneller. Wann werden wir selbst dran sein?). Zehn Prozent der Weltbevölkerung besitzen drei Viertel des Reichtums der Welt. Um in der Schweiz zu bleiben: Banker, die berüchtigte Skandale verschuldeten, hatten ein Jahreseinkommen, das dem von 100 oder 200 (und manchmal mehr) diplomierten Krankenschwestern entsprach (und einige haben es immer noch). Eine Zeitbombe. 1989 feierten wir den Sieg über die kommunistische Ideologie (oder zumindest die Auslegung dieser Ideologie durch die Sowjetunion und die Länder des Warschauer Pakts): Wir sollten uns davor hüten, die Ursachen, die zu ihrer Entstehung geführt hatten, wieder aufleben zu lassen.

Nie zuvor wurde so viel von Menschenrechten und internationaler Gerechtigkeit gesprochen. Ein Diskurs, der durch die Realität der Tatsachen ständig widerlegt wird. Die Medien dokumentieren Kriege und Ungerechtigkeiten, aber nur selektiv. Wer weiß schon, was im Jemen, am Horn von Afrika, in Westafrika oder im Kongo passiert? Das sind zwar weit entfernte Länder, aber diese Tragödien sind nicht nur aus menschlicher Sicht unerträglich: Sie haben auch direkte Auswirkungen auf unsere Realität. Es genügt, an die Migration zu denken, die auch aufgrund des Klimawandels biblische Ausmaße annehmen kann.

Als Mitglied des Stiftungsrats von SOS Méditerranée Suisse erhalte ich täglich Nachrichten von der Ocean Viking, dem Schiff, das auf dem Mittelmeer patrouilliert, um Menschen in Not zu retten. Es handelt sich um Frauen, Kinder und Männer, die die Wüste durchquert und in Libyen oder Tunesien Gewalt erlitten haben, um dann von skrupellosen Menschenhändlern auf Schrottkisten gebracht zu werden. Sie fliehen vor Gewalt und Elend, und ihre Schuld ist es, eine Zukunft anzustreben, die ihnen Hoffnung gibt. Das Schiff hat Tausende von Menschen gerettet, Tausende sind ertrunken und sterben weiterhin an allgemeiner Gleichgültigkeit.

Das Mittelmeer, einst die Wiege unserer Zivilisation, wird zu einem Friedhof. Gerade als ich diese Zeilen schreibe, erreicht mich die Nachricht, dass in griechischen Gewässern ein Schiff mit über 750 Menschen an Bord gesunken ist. Es war allen klar, dass das Schiff sich nicht lange an der Wasseroberfläche halten würde, aber man sah tatenlos zu. Mehr als 600 Menschen, darunter viele Kinder, sind ertrunken. Tausende von Kilometern entfernt davon wurden die raffiniertesten Mittel eingesetzt, um fünf Menschen zu retten, die jeweils 250 000 Dollar bezahlt hatten, um das Wrack der Titanic in fast 4000 Metern Tiefe zu besichtigen. Der Versuch, das U-Boot zu retten, beschäftigte die Nachrichten und Medien der Welt.

Die beiden parallelen Episoden drücken gut aus, in was für einer Gesellschaft wir leben. Die italienische Regierung tut alles, um die Rettungsarbeit der NGO-Schiffe im Mittelmeer zu behindern. Sie verpflichtet die Schiffe zum Beispiel, Schiffbrüchige in nördlichen Häfen anzulanden, sodass Tage auf See verloren gehen, die nicht für Patrouillen und Rettungseinsätze genutzt werden können. Die zynische Begründung lautet: Je mehr Tote es gibt, desto weniger Migranten werden versuchen, das Meer zu überqueren. Diese Argumentation ist nicht nur abscheulich, sondern auch völlig falsch.

Denn der sogenannte »Pull-Faktor«, das heißt die Anziehungskraft, die das Vorhandensein von Einrichtungen zur Rettung von Migranten auf diese ausüben würde, existiert nicht, wie eine umfassende, auf ausgefeiltem statistischem Material basierende Untersuchung gezeigt hat. Sie wurde von vier Forschern für das Jahrzehnt 2011 bis 2020 durchgeführt und bestätigt frühere Untersuchungen.[30]

»Eine Zivilisation, die – aus welchen Gründen auch

immer – das menschliche Leben nicht achtet, verdient diesen Namen nicht und verdient es nicht, weiter zu existieren.« Der Satz stammt von dem amerikanischen Schriftsteller und Journalisten James Agee. Gemeinsam mit dem Fotografen Walker Evans war er 1936 »verdeckt« unterwegs in Alabama und dokumentierte das extreme Elend und die Gewalt, mit denen die auf großen Plantagen arbeitenden Schwarzen leben mussten.

Manchmal ertappe ich mich bei der Vorstellung, dass ein Bundesrat die Ocean Viking besuchen würde, das Schiff, das von SOS Méditerranée Suisse unterstützt wird und Tausenden von Menschen das Leben gerettet hat: Wäre das nicht ein angemessener Tribut an die Frauen und Männer, die so viel riskieren und sich in einer so edlen humanitären Aktion engagieren und so viel für das Image unseres Landes tun? Eine zu kühne Idee? Sicherlich würdevoller als der Besuch unseres Außenministers in der Glencore-Mine in Sambia, mit dem er einem multinationalen Unternehmen, das in verschiedenen Ländern in Skandale und Prozesse verwickelt ist, viel Visibilität verschaffte. Man hätte wenigstens die Gelegenheit nutzen können, um den NGOs zuzuhören, die seit Jahren wegen der Schäden, die er der lokalen Bevölkerung zugefügt hat, gegen diesen Giganten kämpfen. Aber nein, man hat das nicht getan.

Während ich schreibe, höre ich einige erstaunliche Radioinfos, die mir wie eine Seligsprechung des verstorbenen Silvio Berlusconi vorkommen, und ich kann nicht anders, als mich zu fragen, ob statt der Showpolitik, die unsere Demokratie allzu oft durchdringt, nicht ein aufgeklärtes autoritäres System vorzuziehen wäre, das sich den enormen Herausforderungen stellen und die dringend benötigten Reformen durchziehen könnte. Schon im 4. Jahrhundert v. Chr. glaubte Platon, dass die Demokratie am Ende zur Tyrannei führen würde. Deshalb plädierte er dafür, »dass Philosophen Könige und Könige Philosophen« sein sollten.

Aber so funktioniert das nicht, und deshalb verwerfe ich diesen Gedanken sofort wieder, denn ich weiß, dass in einem autoritären Systen der Strom der Aufklärung, *der Illumination* sofort abgestellt würde und wir uns alle in pechschwarzer Nacht wiederfänden. Vom Regen in die Traufe also. Wie die Geschichte tragischerweise beweist. Nein, es liegt an der Demokratie, sich zu reformieren, sich neu zu erfinden und es liegt an den neuen Generationen, wieder zu entdecken, dass Politik nicht bedeutet, in den sozialen Medien herumzuschreien, sondern zu denken, sich etwas vorzustellen und gemeinsam die Welt von morgen zu gestalten. Eine bessere Welt.

VIII Über Geranien und die Neutralität

Am Tag nach der russischen Intervention in der Ukraine ging ich mit meinem Hund im Wald spazieren, begleitet von meinen »Schutzengeln«, und unweigerlich kam eine Diskussion über die möglichen Folgen einer solchen Aggression für unser Land und insbesondere für unsere Neutralität auf. Damals hatte ich viel Zeit im Garten verbracht, und irgendwann kam mir eine merkwürdige Idee: Könnte es nicht sein, dass Geranien und Neutralität etwas miteinander zu tun haben?

Beide wurden im Ausland geboren und sind Teil der schweizerischen Identität geworden: Die Geranie stammt ursprünglich aus Afrika und ist sicherlich die häufigste Blume auf den Balkonen und Terrassen unseres Landes, so sehr, dass sie zu einem charakteristischen Merkmal der bewohnten Landschaft geworden ist. Die Neutralität, die so eng mit dem Schweizersein und dem Bild der Schweiz verbunden ist, wurde uns vom Wiener Kongress 1815 gegeben, wenn nicht sogar aufgezwungen. Sie passte den europäischen Mächten jener Zeit und hat uns seitdem sehr gut getan. Im Laufe der Zeit wurde es zu einem Dogma in unserem Denken und unserem politischen Handeln und erlangte so den Status eines Mythos.

Über Dogmen und Mythen wird nicht debattiert, da man sonst der Blasphemie bezichtigt wird. Dennoch hat sich die Auslegung des Begriffs der Neutralität im Laufe der Zeit geändert, und es heißt sogar, dass er variabel angewandt wird, je nach unseren momentanen Interessen. Wenn wir uns mit der Geschichte befassen, werden wir schnell feststellen, dass wir nie wirklich neutral gewesen sind. Historische Untersuchungen zeigen zum Beispiel, dass wir die deutschen Kriegsanstrengungen im letzten Weltkrieg unterstützt haben.[31] Und selbst die Geranien haben ihrerseits zahlreiche Variationen in Formen und Farben erfahren.

Neutral waren wir in dem Sinne, dass wir uns nicht an bewaffneten Konflikten beteiligt haben, und das steht im Einklang mit dem Haager Übereinkommen von 1907 über die Rechte und Pflichten neutraler Mächte und neutraler Personen. Das internationale Recht zur Neutralität sagt kaum etwas anderes. Davon abgesehen, werden diese Konventionen kaum noch erwähnt, weil sie sich auf völlig überholte Realitäten beziehen. Das Konzept der Neutralität, wie wir es gemeinhin verstehen, ist heute das Ergebnis einer ganzen Reihe interner Entscheidungen.

Es sei daran erinnert, dass die Neutralität weder eine Zielsetzung der Verfassung noch als außenpolitischer

Grundsatz formuliert ist. Sie ist, so sagt man uns, ein Mittel zum Zweck. Ein sehr ungenauer Begriff, der verschiedene Interpretationen zulässt. Die Behauptung, neutral zu sein, reicht in jedem Fall nicht aus, man muss auch von anderen als solches anerkannt werden. Auch in dieser Hinsicht haben sich die Dinge geändert und ändern sich weiter. Der Begriff der Neutralität selbst ruft nicht mehr die Sympathie und den Respekt hervor, die er einst hatte, sondern hat einen eher negativen Beigeschmack bekommen. Viele interpretieren ihn sogar als Ausdruck von Gleichgültigkeit oder, schlimmer noch, von Opportunismus.

Der russische Angriffskrieg gegen die Ukraine hat die Debatte über die Schweizer Neutralität hier und in anderen Ländern neu entfacht. Diese Debatte wurde von der Frage der Waffen dominiert, die an (nach gesetzlich festgelegten Kriterien) als sicher geltende Länder verkauft worden sind und nicht an Länder weiterverkauft werden dürfen, die in einen bewaffneten Konflikt verwickelt sind. Dies hat übrigens nicht verhindert, dass Schweizer Waffen häufig in Konfliktgebieten auftauchen, wie zahlreiche Untersuchungen bestätigen. (Zudem exportierte die Schweizer Industrie im Jahr 2022 Waffen im Wert von 1 Milliarde Dollar, ein nie zuvor erreichtes Volumen.) Der Druck zur Abschaffung dieses Prinzips war (und ist) sehr groß, vor allem aus Deutschland, aber auch, das darf nicht vergessen werden, aus der Schweizer Rüstungsindustrie: diskret, aber immer sehr präsent unter den Lobbyisten in Bundesbern. Die G7-Staaten haben sogar darauf gedrängt, unser Land solle der *Task Force* beitreten, die für die Koordinierung der Finanzsanktionen gegen die russischen Oligarchen zuständig ist. Der Bundesrat lehnte ab, meiner Meinung nach nicht ganz zu Unrecht. Eher war das anfängliche Zögern nach dem Vorstoß der G7 peinlich und zeugte von mangelnder Vorbereitung, dem Fehlen einer klaren Linie und der Unfähigkeit, mit einer starken Stimme zu sprechen.

Einer der Kriegsparteien Waffen zu liefern, bedeutet, diese zu unterstützen, zu begünstigen und ihr den Sieg zu wünschen. Waffen zu liefern, bedeutet aber auch, zum Teilnehmenden des Konflikts zu werden und vielleicht sogar dessen Ausgang entscheidend zu beeinflussen. Es scheint mir klar zu sein, dass die Ukraine ohne die Beteiligung der USA und der Länder der Europäischen Union in Form von Waffen und Spezialkräften kaum eine Chance gehabt hätte, Widerstand zu leisten. Aber die Länder, die so umfangreiche Hilfe geleistet haben, hüten sich davor, direkt in den Konflikt verwickelt zu werden. Man hat den Eindruck, dass wir Zeugen eines Stellvertreterkrieges sind und dass einige der Unterstützer nicht nur den Bürgern der Ukraine helfen wollen, sondern auch geopolitische Ziele verfolgen, die weit über ihre erklärten Ziele hinausgehen. In dieser schrecklichen und absurden bewaffneten Konfrontation gibt es auf jeden Fall schon einen großen Gewinner: die Rüstungsindustrie, die in praktisch allen Teilen der Welt exponenziell wachsende Aufträge verzeichnet. Eine Lobby, die überall stärker wird und die es nicht versäumen wird, auf die Entscheidungen des politischen Personals in vielen Ländern und deren strategische Ausrichtung Einfluss zu nehmen.

In seiner berühmten Abschiedsrede an die Nation am 17. Januar 1961 warnte US-Präsident Eisenhower seine Mitbürger vor der Gefahr einer unzulässigen Einmischung des militärisch-industriellen Komplexes in Politik, Wirtschaft und sogar in das geistige Leben. Mehr als sechzig Jahre später wird einem bewusst, wie zutreffend die Warnung war und wie sehr sie leider missachtet wurde.[32]

Finanzielle Sanktionen sind legitim, wenn sie eine solide Rechtsgrundlage haben. Einfach zu fordern, dass die Gelder der sogenannten russischen Oligarchen beschlagnahmt und für den Wiederaufbau der Ukraine verwendet werden, ist aber ein eklatanter Verstoß gegen eines der wesentlichen Prinzipien eines Staates, der auf dem Primat des Rechts beruht. Der Begriff des Oligarchen ist rechtlich nicht definiert, was allein schon ein Problem darstellt. Die Beschlagnahme (das heißt das vorübergehende Einfrieren) von Vermögenswerten ist gerechtfertigt, wenn es konkrete Hinweise darauf gibt, dass sie aus einer illegalen Tätigkeit stammen. Die Einziehung, also die Übergabe des beschlagnahmten Vermögens an den Staat, muss von einer Justizbehörde entschieden werden, wobei gegen beide Maßnahmen Rechtsmittel bei einer höheren Instanz eingelegt werden können. Das ist es, was in einem Rechtsstaat geschieht oder geschehen sollte.

Dass diejenigen, die wir als Oligarchen bezeichnen, unglaublich reich wurden, als die Sowjetunion zusammenbrach, scheint mir eine unbestreitbare Tatsache zu sein. Zum Beispiel indem ein Ölunternehmen für 100 Millionen Dollar gekauft und für 16 Milliarden Dollar an den Staat weiterverkauft wurde. Ein Teil dieses Geldes wurde in unseren Banken deponiert – auch wenn der bevorzugte Finanzplatz der russischen Oligarchen London ist –, und es gab damals keine Einwände, die allerdings obligatorisch gewesen wären, wenn es irgendwelche Verdachtsmomente über die Herkunft der Gelder gegeben hätte. Die von den USA, der EU, dem Vereinigten Königreich und anderen Ländern beschlossenen Sanktionen sind Teil eines Boykotts gegen den russischen Präsidenten und ihm nahestehende Personen. Es handelt sich also um politische und nicht um juristische Entscheidungen. Es handelt sich auch nicht um UNO-Maßnahmen (was auf der Hand liegt, wenn man bedenkt, dass Russland im Sicherheitsrat sein Veto einlegen kann).

Das macht die Situation für die Schweiz äußerst heikel, wenn sie ihre erklärte Neutralität wahren will. Natürlich könnte man anmerken, dass die Neutralität während des letzten Weltkriegs (zumindest formell) respektiert wurde und niemand offen die Schweiz darum gebeten hat, sich aktiv an den Kriegsanstrengungen gegen die Nazis zu beteiligen. Hitlers deutsche Aggression gegen Polen war sicherlich nicht weniger infam als die jüngste Aggression gegen die Ukraine, aber die Schweizer Neutralität kam damals beiden Seiten zugute, während wir uns heute in einer völlig anderen Situation befinden. Die Vereinigten Staaten von 1939 kümmerten sich nicht so sehr um den Rest der Welt, so wie sie es heute tun (tatsächlich griffen sie erst nach dem japanischen Angriff auf ihre Flotte in Pearl Harbor am 7. Dezember 1941 in den Krieg ein). Das Prinzip der Neutralität kann und sollte meiner Meinung nach verteidigt werden, aber auf andere Weise und im Rahmen einer klaren Außenpolitik, die heute nur noch vage und unsicher ist.

Fast alle sind von der Schweiz genervt: die Nato-Länder, weil sie die Waffenlieferungen an die Ukraine behindert, die G7-Länder, weil sie sich nicht in vollem Umfang an den Finanzsanktionen beteiligt, Russland, weil es glaubt, dass sie mit den Sanktionen die Neutralität verletzt. Wenn wir allein gegen alle sind, oder besser gesagt, wenn alle gegen uns sind, heißt das nicht unbedingt, dass wir im Unrecht sind. Vorausgesetzt, wir haben stichhaltige Argumente und eine kohärente Linie. Ich befürchte, dass es diese Linie nicht gibt, dass wir auf Druck reagieren, anstatt vorausschauend zu handeln. Auch die Vergangenheit belastet die Beziehungen: Die Aufnahme von Fluchtgeldern, nicht immer von »armen« Reichen, die von den Behörden ihres Staates verfolgt werden, und die Tatsache, dass wir das Bankgeheimnis dafür verwendeten, um die Herkunft des Geldes aus kriminellen Aktivitäten zu vertuschen und das Geld zu waschen. Dass die in unseren Banken deponierten russischen Milliarden stanken, war allgemein bekannt. Ein Bankdirektor, der vor dem Fall der Berliner Mauer Koffer voller Banknoten aus Bulgarien entgegengenommen hatte, um sie in Goldbarren umzuwandeln und in den Libanon zu schicken, sagte mir einmal: »Meine Aufgabe ist es, Geschäfte zu machen, nicht Polizist zu spielen.«

Welche Außenpolitik also? Man wird mir sagen, dass ich ein Träumer bin. Vielleicht. »Ein Gewinner ist ein Träumer, der nie aufgegeben hat«, sagte Nelson Mandela. In der Tat träume ich von einer Schweiz, die es wagt, ihre eigene Rolle in der chaotischen Welt von heute zu finden und sich Respekt zu verschaffen. Bundesrat Pascal Couchepin sagte einmal zu mir: »Wir sind nicht der Vatikan der Menschenrechte.« Ein anderes Mal bemerkte er, dass es »zum Glück keine zehn Dick Marty im Parlament gibt«. Das war nicht als Kompliment gemeint, aber ich nahm es als solches. Und wenn es darum geht, zwischen dem Vatikan der Menschenrechte und dem Vatikan der Banken zu wählen, zögere ich jedenfalls nicht.

Dass die Außenpolitik unseren Interessen dienen muss, steht außer Zweifel. Ein kleines Land wie das unsere kann nicht auf die Instrumente einer Macht zurückgreifen und muss daher eine Strategie entwickeln, die immer wieder neu anzupassen ist, um sich einen vorteilhaften Platz in einer zunehmend komplexen und schwierigen Welt zu sichern. Die Dinge waren viel klarer und einfacher, als es zwei verschiedene Blöcke gab, die sich ideologisch gegenüberstanden und sich gegenseitig abschreckten, was für einige Jahrzehnte eine gewisse Stabilität gewährleistete. Mit dem Zusammenbruch der

Sowjetunion, der außerordentlichen Entwicklung Chinas und bald auch Indiens und der immer deutlicheren Distanzierung Afrikas vom westlichen Einfluss hat sich alles verändert und ist viel komplizierter und auch gefährlicher geworden.

Welche Rolle also für die Schweiz? Als Wiege und Sitz des Roten Kreuzes, als Depositarstaat der Genfer Konventionen (der Grundlage des humanitären Völkerrechts), als europäischer Sitz der UNO, stark in der Tradition der guten Dienste und der Neutralität (wenn auch wackelig und chamäleonhaft), würde man sagen, dass sie zur Solidarität mit allen von Konflikten betroffenen Zivilbevölkerungen überall auf der Welt verpflichtet ist. Eine humanitäre Friedensmission. Man könnte meinen, dass dies bereits die erklärte Politik unseres Landes ist. Aber ist sie das wirklich?

Leider haben wir uns wieder einmal in eine Situation gebracht, in der wir gezwungen sind, defensiv zu spielen, ohne Chance zum Gegenzug. Wie im Fall der jüdischen Vermögen und des Bankgeheimnisses, obwohl wir eigentlich einige gute Argumente hätten. Es wird nur von Waffen gesprochen, als ob das Schicksal der Ukraine nur von Schweizer Waffen abhinge. Und wer denkt an die gequälte Bevölkerung, die wahrscheinlich, noch bevor sie darüber nachdenkt, welche Flagge über ihrem Dorf wehen soll, davon träumt, in Frieden zu leben, Zugang zu Nahrung und Pflege zu haben und ihre Kinder in Sicherheit zur Schule schicken zu können? Die Schweiz tut viel, manchmal ohne es angessen hervorzuheben, aber sie könnte mehr tun, und zwar nicht nur für ukrainische Flüchtlinge (oft sind es die Privilegiertesten, die zu uns kommen), sondern für alle, die keine andere Möglichkeit haben, als vor Ort zu bleiben.

Das Internationale Rote Kreuz ist seit langem mit dem Image unseres Landes verbunden, auch dank maßgeblicher Stimmen wie der seines früheren Präsidenten Cornelio Sommaruga (von 1987 bis 1999). Peter Maurer, Präsident bis 2022, den ich als Vertreter unserer Diplomatie sehr geschätzt habe, hat, so fürchte ich, dazu beigetragen, den Ruf des Roten Kreuzes zu trüben. Die Kumulation des Amtes des Präsidenten des Internationalen Komitees vom Roten Kreuz (IKRK) mit dem eines Mitglieds der Leitung des Weltwirtschaftsforums in Davos (WEF) wurde von vielen als unangemessen empfunden, weil sie das unverzichtbare Bild der absoluten Unabhängigkeit der humanitären Institution, die in bewaffneten Konflikten die Zivilbevölkerung zu schützen hat, untergrub. Dagegen sehen viele das WEF als Symbol einer gewissen Plutokratie, die die Wirtschafts- und Finanzordnung stark beeinflusst und für die wachsende Diskrepanz zwischen einem kleinen Kreis der immer reicher werdenden Bevölkerung und der großen Mehrheit der armen Weltbevölkerung verantwortlich gemacht wird. So forderte etwa die französische Hohe Behörde für Transparenz im öffentlichen Leben (HATVP) die Arbeitsministerin der französischen Regierung auf, wegen möglicher Interessenskonflikte auf ihre Ernennung zum Mitglied des WEF-Vorstands zu verzichten.

Auch Kooperationsvereinbarungen zwischen dem IKRK und multinationalen Konzernen, die sich nicht gerade vorbildlich verhalten haben, sind in die Kritik geraten und haben innerhalb der Organisation selbst für Unruhe gesorgt. Und sie haben die finanziellen Probleme der Institution keineswegs gelöst.

In der Tat geht es dem IKRK finanziell nicht gut, so sehr, dass es gezwungen war, eine jährliche Ausgabenkürzung von 430 Millionen Franken zu beschließen, was die Entlassung von 1800 Mitarbeitern bedeutete. Natürlich haben die Konflikte in der Welt nicht abgenommen, und das wirkt sich auf das Budget der Organisation aus. In den letzten Jahren gab es jedoch eine starke, vielleicht unzureichend geplante Ausweitung der Aktivitäten, einschließlich derjenigen, die nicht streng mit der Hauptaufgabe des IKRK verbunden sind – einer »unparteiischen, neutralen und unabhängigen Organisation«, die »ausschließlich humanitären« Charakter hat – »das Leben und die Würde der Opfer von bewaffneten Konflikten und anderen Gewaltsituationen zu schützen und ihnen Hilfe zu bringen«. Das IKRK stützt sich auf die Genfer Konventionen von 1949 und ihre Zusatzprotokolle; seit seiner Gründung im Jahr 1863 hat sich seine Arbeit als absolut wichtig erwiesen.

Eine Schwachstelle der Organisation ist ihr Finanzierungssystem, das durch freiwillige Beiträge der Unterzeichnerstaaten der Genfer Konventionen und durch Spenden öffentlicher und privater Einrichtungen gewährleistet wird. Die größten Beitragszahler sind die westlichen Länder: An erster Stelle stehen mit Abstand die Vereinigten Staaten, gefolgt von der Europäischen Union, und an dritter Stelle steht die Schweiz.

Ich frage mich, ob sich unsere Politiker der Bedeutung des IKRK und der Bedeutung seiner Rolle für unser Land wirklich bewusst sind. Der Krieg in der Ukraine ist ein Schlag für diejenigen, die an die »immerwährende Neutralität« geglaubt haben, aber auch für diejenigen, die schon lange nicht mehr daran glauben, obwohl sie überzeugt sind, dass die Schweiz im Konzert der Nationen eine besondere Rolle zu spielen hat: eine Rolle bei der Förderung des Friedens und der humanitären Hilfe.

Und doch! Im Bundeshaus, in den Medien und auf internationaler Ebene dreht sich der vorherrschende Diskurs um die angeblich unausweichliche Notwendigkeit für die Eidgenossenschaft, Waffen an die Ukraine zu liefern, entweder direkt oder über andere Länder (was dasselbe ist, aber noch heuchlerischer). Manche zögern nicht, sich auf die Moral zu berufen, um solche Forderungen zu rechtfertigen. Ich fürchte, dass die Wahrheit prosaischer ist. Auf der einen Seite gibt es die Lobby der Rüstungsindustrie, die immer in irgendeiner dunklen Ecke der Korridore des Bundeshauses lauert. Wenn wir wirklich Waffen an die Ukraine abgeben wollten, würde die korrekte Anwendung des Neutralitätskonzepts erfordern, dass wir dasselbe mit ihrem Gegner, also mit Russland, tun. Ein kaum vorstellbares Szenario, das zeigt, wie unpraktisch die Neutralität, wie wir sie bisher verstanden haben, heute ist (auch wenn wir sie in einer sehr elastischen und opportunistischen Weise anwenden).

Anstelle von Waffen sollte unser Land sich für Dialog einsetzen und sich vor allem durch Taten und Initiativen als humanitäre Instanz profilieren, als sorgfältiger und strenger Hüter des Kriegsrechts, wie es in den Genfer Konventionen definiert ist. Wie der damalige Präsident, Cornelio Sommaruga aus dem Tessin – für mich die letzte wahre und glaubwürdige Stimme der Institution – so treffend sagte, darf das IKRK nicht zum operativen Arm der humanitären Politik der Schweiz werden.[33] Das IKRK ist unabhängig und sein Status muss geschützt und garantiert werden. Seine finanzielle Situation – eine Krise, die leider sein Image trübt – sowie seine Finanzierungsstruktur machen es heute besonders verwundbar. Mit der Ausweitung seines Tätigkeitsfeldes konkurriert das IKRK zunehmend mit anderen humanitären Einrichtungen und die Art und Weise, wie es finanziert wird, lässt es in den Augen vieler immer mehr als eine Institution der westlichen Welt erscheinen.

Wir müssen den Vereinigten Staaten dankbar sein für die beträchtliche finanzielle Unterstützung, die sie dem Internationalen Roten Kreuz gewähren (wie bereits erwähnt, bei weitem die größte). Nun wissen wir aber auch, dass die amerikanische Politik nicht zögert, das berühmte Sprichwort »Wer zahlt, befiehlt« umzusetzen, und es gibt in der Tat zahlreiche Beispiele, die dies belegen. Die Zurückhaltung und extreme Diskretion des IKRK in Bezug auf die Guantanamo-Häftlinge und die CIA-Geheimgefängnisse, in denen eine institutionalisierte Anwendung von Folter praktiziert wurde, bleibt zumindest undurchsichtig. Es liegt auf der Hand, dass jemand, der gezwungen ist, zu einem Sachverhalt Stellung zu nehmen, in den sein wichtigster Geldgeber verwickelt ist, nicht die gleiche Freiheit und vor allem nicht die gleiche Glaubwürdigkeit genießt wie jemand, der gegenüber einer Person oder Einrichtung handelt, zu der er in keinem Abhängigkeitsverhältnis steht.

Wer zahlt, befiehlt

Das Problem der finaziellen Abhängigkeiten tritt in immer mehr Bereichen auf: in der Politik natürlich, aber auch im Journalismus. Die großen internationalen Tageszeitungen sind heute fast alle im Besitz von großen Industrie- oder Finanzkonzernen, und in der Schweiz ist es nicht viel anders. Zu den Ausnahmen gehören der britische *Guardian* und in der Schweiz *Le Courrier*. Natürlich wird immer behauptet, die Redaktionen seien unabhängig; vielleicht ist das so, aber wir sollten uns daran erinnern, dass es neben der Zensur noch eine andere Form der Einschränkung gibt: die Selbstzensur. Die Unabhängigkeit beruht in der Tat auf zwei wesentlichen Säulen: der Fähigkeit, jedem Druck zu widerstehen, und der, nach außen hin unabhängig zu erscheinen.

Die Schweiz spricht oft von der Bedeutung der humanitären Aktion und betont ihre Rolle in diesem Bereich. Dies tat zum Beispiel Bundespräsident Alain Berset bei der Eröffnung der Sitzung des UNO-Sicherheitsrats, die zum ersten Mal unter dem Vorsitz unseres Landes stattfand. Ohne seine schönen Worte schlechtreden zu wollen, muss man sagen, dass es eben Worte bleiben. Was kann die Schweiz sonst noch tun? Sie hat bereits viel getan, aber wenn man ihren Reichtum bedenkt, könnte sie noch viel mehr tun, nicht nur auf materieller, sondern auch auf politischer Ebene.

Eine konkrete Maßnahme wäre meiner Meinung nach, das Internationale Rote Kreuz auf eine solidere Grundlage zu stellen und ihm eine faire und stabile Finanzierung durch die internationale Gemeinschaft zu garantieren. Natürlich bin ich mir bewusst, das ist leichter gesagt als getan. Aber das IKRK ist in allen Teilen der Welt nicht nur nützlich, sondern unverzichtbar geworden; es ist ein Ausdruck von Menschlichkeit und Zivilisation. Warum sollte man es nicht wagen, ein originelles Finanzierungssystem zu suchen, das auf einem internationalen Abkommen beruht und nicht von freiwilligen Beiträgen abhängt, die sich über Nacht ändern können?

Um ein Beispiel zu geben: Man könnte doch eine Steuer pro geflogene Meile eines jeden Passagiers aus den Vertragsländern erheben, was für den Einzelnen eine unbedeutende Mehrbelastung bedeuten würde; es gibt 26 000 Flüge pro Tag, über 160 Starts pro Minute, 1,2 Milliarden Passagiere, Zahlen, die eindeutig steigen. Ich überlasse es dem Leser, zu berechnen, wie viele Flugmeilen das sind. Oder, um in diesem Gebiet zu bleiben: Wenn die großen Länder dem Abkommen beitreten würden, könnte eine Klausel aufgenommen werden, die die Landerechte in den Vertragsländern nur den Gesellschaften garantiert, die das Abkommen unterzeichnet haben. Eine Utopie? Natürlich, aber wie Oscar Wilde gesagt hat, ein wahrer Künstler der treffenden Formulierung: »Fortschritt ist die Verwirklichung der Utopie.«

Ich glaube, dass Ethik und Moral immer im Mittelpunkt des politischen Handelns stehen müssen (Thukydides sagte dies bereits im 5. Jahrhundert v. u. Z.). Und internationale Politik heißt Politik, weil der Dialog zwischen den Nationen ein Streben nach dem Gemeinwohl ist oder zumindest sein sollte. Heute herrscht leider eine als realistisch – oder besser gesagt zynisch – bezeichnete Sichtweise der internationalen Beziehungen vor: Sie werden als Instrument der Beherrschung und der Übermacht

Ein »Friedens«-Nobelpreisträger

Skrupellos eingesetzte Mittel – bewundernswert interpretiert, zum Beispiel, von Henry Kissinger, Friedensnobelpreisträger. Viele (und ich gehöre dazu) teilen die Meinung von Ugo Mattei, Professor für internationales Recht an der Universität von Kalifornien, der den hundert Jahre alt gewordenen ehemaligen Außenminister unter Präsident Nixon als Kriegsverbrecher bezeichnete, insbesondere wegen seiner zynischen und schmutzigen Rolle in Indochina, Chile und dem Rest von Südamerika. Der Fairness halber sollte darauf hingewiesen werden, dass Matteis lockere Formulierung den Prinzipien zuwiderläuft, die er eigentlich lehren sollte. Denn in der Tat sollte man sagen, dass Kissingers Handlungen Gegenstand eines Kriegsverbrecherprozesses hätten sein müssen.

So überzeugte Kissinger 1969 Nixon, dass der Krieg in Vietnam nicht zu gewinnen sei. Man beschloss jedoch, nichts zu sagen, weiterhin neue Soldaten zu rekrutieren und nach Indochina zu schicken und die Menschen glauben zu lassen, der Sieg sei in Reichweite. Zwischen dieser Entscheidung und dem Ende des Krieges am 30. April 1975 starben 18 000 junge Amerikaner und Zehntausende wurden verletzt und traumatisiert. Eine angebliche Staatsraison rechtfertigte in ihren Augen jedes Opfer (außer ihrem eigenen). Seit Beginn des Krieges im Jahr 1960 haben etwa 60 000 US-Soldaten ihr Leben verloren, 150 000 wurden verwundet. Auf vietnamesischer Seite wird die Zahl der Opfer auf 2 bis 5 Millionen geschätzt, überwiegend Zivilisten. Das US-Militär setzte massiv ein Entlaubungsmittel (Agent Orange) ein, das noch Jahrzehnte später Gesundheits- und Umweltschäden verursacht. Kriegsverbrechen und Verbrechen gegen die Menschlichkeit, die ungesühnt geblieben sind und die viele einfach vergessen wollen.

gesehen, mit dem man sich die größtmöglichen Vorteile sichern will, ohne Skrupel hinsichtlich der eingesetzten Mittel zu haben. Das Recht des Stärkeren, kurz gesagt.

Ich stimme zu, dass mit den Begriffen Ethik und Moral vorsichtig umgegangen werden muss, denn es besteht die Gefahr, dass sie verzerrt und pervertiert werden, um die Theokratie, die Taliban, die Ayatollahs, die ultraorthodoxen Juden, die amerikanischen evangelikalen Extremisten zu rechtfertigen. Oder die Bombardierung Serbiens als »humanitären Krieg« zu bezeichnen (ein Begriff, der leider auch von Václav Havel verwendet wurde) und die Invasion des Iraks als »Förderung der Menschenwürde« (George W. Bush) oder als »Krieg für die Freiheit« (Tony Blair). Mit solchen Interpretationen lässt sich jeder Konflikt rechtfertigen, denn in dieser unvollkommenen Welt lässt sich immer ein humanitärer Vorwand finden.

Die Schweiz ist weder eine Militärmacht noch ein Wirtschaftsriese, auch wenn ihr finanzielles Gewicht sicherlich nicht zu vernachlässigen ist. Aber finanzielle Macht ist keine uneinnehmbare Festung. Zum einen, weil sie sich zu einem großen Teil in ausländischen Händen befindet, und zum anderen, weil die Affären um die UBS und Credit Suisse das Image eines Finanzplatzes, der für sich in Anspruch nahm, tugendhaft zu sein, beschädigt haben. Ich habe nichts gegen die Finanzwelt – ich möchte daran erinnern, dass ich neunzehn Jahre lang Mitglied des Verwaltungsrats einer Bank war, deren

Kapital vollständig aus der Schweiz stammt und in der Boni für Führungskräfte nie zugelassen waren.

Nun, ich denke, die Schweizer Politik täte gut daran, ihre Prioritäten zu überprüfen. Der Paradeplatz hat schon immer von einem privilegierten Zugang zum Bundesrat und zu einer Mehrheit im Parlament profitiert. Die nachrichtenlosen Vermögen, Swissair, der ruinöse Zusammenbruch des Bankgeheimnisses, UBS, Credit Suisse, wiederholte Skandale durch Gerichtsverfahren in verschiedenen Ländern aufgrund des Verhaltens der beiden Großbanken: All dies hat einen sehr hohen Preis, einen zu hohen. Das Image des Landes steht nicht im Bundesbudget, aber wir alle wissen, dass es extrem wertvoll ist. Es sei denn, man will die Schweiz in ein zynisches und skrupelloses Monte Carlo verwandeln. Sicher, an Anhängern eines solchen Systems mangelt es nicht, und sie haben immer wieder versucht, das zu erreichen. Aber sie sollten wissen, dass das ein Auslaufmodell ist. Im Gegensatz zu dem, was sie denken, sind die USA, die Europäische Union und viele andere Länder nicht mehr bereit, gastfreundliche Oasen für Steuerhinterzieher zu dulden, für Menschen, die das gute Bildungssystem ihres Landes ausgenutzt haben, um sich zu bereichern, und die, wenn sie sehr reich geworden sind, in Steueroasen flüchten, anstatt ihrer Gemeinschaft etwas zurückzugeben und Mitgefühl für diejenigen zu zeigen, die nicht so viel Glück hatten.

Die Schweiz hat das weitgehend ausgenutzt, und es ist nicht vorbei. All dies hat einen Beigeschmack von

Hehlerei. Ich fürchte, dass wir für diesen Reichtum, der uns ohne Anstrengung und ohne jegliche Kreativität zuteil geworden ist, eines Tages den Preis zahlen müssen. Die Oligarchen (Russen und Ukrainer – die einen sind nicht besser als die anderen) wurden in den schalldichten Salons unserer Großbanken willkommen geheißen, während die verzweifelten Menschen, die die Wüste durchqueren, in Libyen alle möglichen Schikanen erleiden (mit finanzieller Unterstützung Europas) und sich auf die Reise begeben, in der Hoffnung, dem Elend und der Gewalt zu entkommen, nur um bei der ersten Gelegenheit als Kriminelle behandelt und hinausgeworfen zu werden, weil sie als Bedrohung für unser Wohlergehen angesehen werden. Demagogie? Beweisen Sie mir das Gegenteil!

Ich will es nochmal bekräftigen: Wir brauchen eine ethische Außenpolitik! So schreibt es übrigens die Bundesverfassung vor. In der Präambel der Bundesverfassung heißt es unter anderem, Volk und Kantone seien sich »der Verantwortung gegenüber der Schöpfung« bewusst, und in Art. 54 Abs. 2 wird präzisiert: »Der Bund [...] trägt namentlich bei zur Linderung von Not und Armut in der Welt, zur Achtung der Menschenrechte und zur Förderung der Demokratie, zu einem friedlichen Zusammenleben der Völker sowie zur Erhaltung der natürlichen Lebensgrundlagen.« Man kann doch nicht sagen, dass diese Gebote nicht moralischer und ethischer Natur sind.

Das humanitäre Engagement, der Einsatz für den Frieden und der Schutz der Opfer von Konflikten müssen im Mittelpunkt unserer Außenpolitik stehen. Und wir wollen noch einmal auf das Thema Neutralität zurückkommen. Es ist richtig, die russische Aggression zu verurteilen, aber ist das wirklich eine Priorität für eine Politik, die das Humanitäre und die Förderung des Friedens in den Vordergrund stellt? Verbale Verurteilungen haben selten Leben gerettet. Vielleicht hätte die Schweiz ihre Besorgnis und ihre Bestürzung über diesen Konflikt, der Tod und Verwüstung über die Zivilbevölkerung bringt, zum Ausdruck bringen müssen, aber vor allem hätte sie bereit sein müssen, zu intervenieren, um den Zivilisten zu helfen und ihre guten Dienste für einen Dialog zwischen den Parteien zur Verfügung zu stellen, der darauf abzielt, die Folgen des Konflikts im Hinblick auf einen Waffenstillstand zu mildern.

Aber um diese Rolle spielen zu können, hätte unser Land davon absehen müssen, Sanktionen zu verhängen, und alles in die Wege leiten müssen, um zu verhindern, dass unser Finanz- und Wirtschaftszentrum missbraucht wird, um die internationalen Sanktionen zu umgehen und die Kriegsanstrengungen auf beiden Seiten zu fördern. Das hätte man tun können, mit Nachdruck und offiziell. Natürlich wäre es vielleicht völlig nutzlos gewesen. Aber wir hätten zumindest dazu beigetragen, das menschliche Element hervorzuheben, das unsägliche Leid dieser Bevölkerungen. Die Dringlichkeit besteht nicht darin, zu wissen, wer gewinnt (ich denke, dass es am Ende nur Verlierer geben wird), sondern darin, Leben zu retten, die Absurdität eines Konflikts hervorzuheben (der so heftig ist, weil zwischen den beiden Konfliktparteien zweifellos ein Aspekt von Bürgerkrieg besteht, zurückzuführen auf ihre unruhige Geschichte, die sie zum Teil teilen und die eine starke emotionale Komponente enthält).

Stattdessen haben wir Partei ergriffen, höchstwahrscheinlich auf der richtigen Seite, aber ohne Erfolg für diejenigen, die leiden. Wir haben dies zögerlich getan, lallend, als Ausdruck einer uneinigen Regierung und, so scheint es mir, unfähig, mutige und kreative Initiativen zu ergreifen. Immer bereit, dem Stärksten zu folgen.

Andere Länder scheinen einen anderen Weg gewählt zu haben. Das Phänomen nimmt eine geopolitische Bedeutung an, die den meisten Menschen, zumindest bei uns hierzulande, zu entgehen scheint. Geschickterweise hielt sich die Türkei (obwohl sie Mitglied der Nato ist) etwas zurück, als es darum ging, die Aggression zu verurteilen, aber es gelang ihr, eine Vereinbarung zwischen den streitenden Parteien über den Export von ukrainischem Getreide in Länder, die infolge anderer Kriege von einer Hungersnot bedroht waren, zu erzwingen. Eine Operation von nationalem Prestige, gewiss, aber auch von beträchtlichem humanitären Wert.

Brasilien, China, die sogenannten BRICS-Länder und der größte Teil Afrikas sind dem Westen, angeführt von den USA, nicht gefolgt, auch wenn sie sich nicht mit der russischen Position identifiziert haben. Eine Realität, die das Gleichgewicht der Welt zu verändern droht und die Rolle des alten Europas noch viel komplizierter macht.

Vielleicht hätten wir diese neue Situation bedenken sollen, bevor wir uns den USA und der Europäischen Union anschlossen.

Lassen Sie mich klarstellen, ich wiederhole: Es geht keineswegs darum, die schwerwiegende russische Aggression zu rechtfertigen oder gar zu verharmlosen. Die eigentliche Frage ist, ob die Schweiz nicht eine humanitärere und zivilere Rolle hätte spielen können, anstatt sich in Fagen von Waffenlieferungen zu verlieren. Mit – wenn auch edlem – Gerede, mit einheimischen Waffen und mit Videos von Selenskyj im Bundeshaus haben wir uns darauf beschränkt, Symbole zu produzieren.

Heute gibt es einige, die für absolute Neutralität eintreten: eine Chimäre. Die von der größten Partei des Landes lancierte Initiative ist ein weiterer Versuch, die Wählerschaft zu täuschen. Die Wirtschaft, die einen entscheidenden Einfluss auf unsere Politik hat, wird niemals neutral sein, sie wird sich dahin bewegen, wo der Markt sie hinführt. Absolute Neutralität ist ein Slogan ohne jeden Inhalt.

Geranien müssen gepflegt werden, verwelkte Blüten müssen entfernt werden, damit die neuen besser gedeihen. Mit der Neutralität ist es auch ein bisschen so.

IX Keine Demokratie ohne Gerechtigkeit

Ab einem bestimmten Punkt wird es so belastend, über einen langen Zeitraum einem starken Schutzregime unterworfen zu sein, dass die Bedrohung, die hinter der Maßnahme steht, in den Hintergrund rückt. Es ist die Bewegungsfreiheit, die stark eingeschränkt wird, und das selbst dann, wenn man, wie meine Familie und ich, das große Glück hat, von äußerst professionellen, einfühlsamen und sehr hilfsbereiten Menschen umgeben zu sein. Was mich am meisten belastet, ist das Gefühl der Ohnmacht und Frustration, das Wissen, dass man mir nicht die ganze Wahrheit sagt (und Halbwahrheiten sind die schlimmsten Lügen), dass ich keinen Einfluss auf die Ermittlungen habe (nachdem ich sie fast mein ganzes Berufsleben lang Ermittlungen geleitet habe).

An einem bestimmten Punkt habe ich dann entschieden, regelmäßig auf eigene Verantwortung ins Ausland zu reisen. Die FedPol bat mich, eine Erklärung zu unterschreiben, dass ich für unsere Sicherheit selbst verantwortlich sei. Dies erlaubte uns, in Nachbarländer zu reisen, ohne unser Reiseziel jemandem zu verraten, nicht einmal der Polizei. So fanden wir von Zeit und Zeit den Genuss wieder, allein auf einer Terrasse zu sitzen, einen Cappuccino zu trinken, und zu essen, wo immer wir wollten. Immer in Begleitung von Leik, der einen Michelin-Führer über haustierfreundliche Hotels und Restaurants schreiben könnte. Unser Hund, der geborene Opportunist, benahm sich überall vorbildlich und machte sich bei allen beliebt.

Einmal, in einem abgelegenen Dorf in Frankreich, kehrten wir in eine kleine, verlassene Taverne ein. Die ältere Gastwirtin war eindeutig in der Stimmung, zu reden. Nach den unvermeidlichen Betrachtungen über das Wetter sagte sie uns, wie sie sich Politik, Gerechtigkeit und Demokratie vorstelle. Einfache Worte voll gesunden Menschenverstandes, Überlegungen, die nicht nur sachdienlich waren, sondern – vielleicht weil wir unsere Vorurteile hatten – absolut überraschend und unerwartet an einem Ort, der völlig abgeschieden zu sein schien. Wir tranken einen Espresso und einen Cappuccino, beide erstaunlich gut: zwei Euro! Und wir erhielten eine gute Lektion darüber, was selbst an den entferntesten Orten über Gerechtigkeit und Demokratie gedacht wird, über die Diskrepanz zwischen dem, was gesagt wird, und dem, was in der Realität geschieht.

Vor einiger Zeit äußerte sich ein scharfer Beobachter unserer Realität in der Tageszeitung *La Regione* zu Recht besorgt über die wachsende Diskrepanz zwischen den in der Verfassung verankerten Grundsätzen und ihrer Umsetzung durch die Politiker: »Die liberalen Verfassungen prägen weiterhin den Staat, entsprechen aber nicht mehr dem Inhalt des politischen Handelns: Sie werden zu einer Form ohne Substanz, zu einem Etikett, das nichts mit den Inhalten zu tun hat. [...] Ich empfinde es als Verrat an der Rechtsstaatlichkeit durch die Politik, wenn die Demokratie, wie es die populistische Rechte tut, von der Garantie der Grundrechte getrennt wird (es gibt keine Demokratie ohne Freiheit)«.[34]

Die Entwicklung der Demokratien hin zu autokratischen und illiberalen Modellen ist in der Tat ein Trend, der fast überall zu beobachten ist: Die Verbindung zwischen Demokratie und Liberalismus scheint nicht mehr unauflöslich zu sein.[35] Man würde erwarten, dass Rechtsstaatlichkeit, Gerechtigkeit und Demokratie eine Einheit bilden, aber das ist im wirklichen Leben nicht der Fall. Im Gegenteil, viele Demokratien (nennen wir sie noch so, da dort Wahlen abgehalten werden) entfernen sich immer weiter vom liberalen Modell (im Sinne von Rechtsstaatlichkeit und unabhängiger Justiz); man spricht dann von *Demokraturen*. In anderen Modellen gibt man die Regeln der Demokratie auf, um eine Autokratie durchzusetzen, während man einen gewissen Liberalismus beibehält.

Jenseits der schönen Deklamationen und Reden haben Demokratie, Gerechtigkeit und Rechtsstaatlichkeit sehr reale Auswirkungen auf das tägliche Leben der Bürger, insbesondere wenn sie mit den Vertretern der Macht konfrontiert werden. Viele Geschichten, zu viele, zeigen, dass selbst hinter den schönen Fassaden nicht alles so funktioniert, wie es sollte. Man wird mir wieder einmal sagen, dass ich ein Pessimist bin, wenn nicht sogar ein Defätist. In Wahrheit glaube ich, Ungerechtigkeit, Korruption und schlechte Regierungsführung anzuprangern, ist nicht nur die Pflicht eines jeden Bürgers, sondern auch und vor allem ein Akt tiefer Verbundenheit mit seinem Land, seinen Menschen und der Welt, in der wir leben.

Unser Fernsehen berichtete vor ein paar Jahren über einen sehr schockierenden Vorfall. Eine sogenannte »Schutzbehörde« nahm ein neun Monate altes Mädchen von seiner Mutter weg, mit der Begründung, dass diese Alkohol und Drogen missbrauche. Zu Unrecht, wie sich herausstellte. Vier Jahre später erfahren wir, dass die Angelegenheit immer noch nicht geklärt ist und die Mutter gezwungen ist, für die Rückkehr ihrer Tochter zu kämpfen.[36] Ein Kind seiner Mutter wegzunehmen, ist ein sehr schwerwiegender Akt, der in der Tat in sehr seltenen Fällen gerechtfertigt ist.

Dennoch habe ich eine noch schrecklichere, absurdere und beschämendere Angelegenheit miterlebt.[37] Eine junge Frau ist im Krankenhaus für ihre erste Entbindung. Alles geht gut, die Mutter ist überwältigt vor Freude über dieses Wunder des Lebens. Die Freude ist nur von kurzer Dauer und das neugeborene Mädchen genießt nur kurz die Umarmung seiner Mutter. Auf dem Tablett, das sie von einer Krankenschwester erhält, befindet sich mit der Mahlzeit auch ein Brief. Ein niederträchtiger Brief, sowohl vom Inhalt als auch von der Form her. Die Lektüre ist erschreckend (ein Psychiater, der diesen Titel verdient – im Gegensatz zu einigen seiner Kollegen, die in die Affäre verwickelt sind – wird von einem regelrechten »Tsunami« sprechen): In eiskalter Verwaltungssprache wird der Mutter mitgeteilt, dass sie sich nicht um ihre neugeborene Tochter kümmern kann und dass man sie ihr deshalb sofort wegnehmen wird. Die junge Mutter hatte Probleme, das stimmt, aber keine besonders schwerwiegenden. Sie hat eine Familie, eine Mutter, Schwestern, Tanten und Onkel (darunter auch Psychiater). Sie wird auch von zwei Psychiaterinnen behandelt, die nicht konsultiert wurden, und die über die Maßnahme und ihre Brutalität buchstäblich schockiert sind.

Nur ein Brief! Niemand hat sich herabgelassen, persönlich vorbeizukommen, um es der Mutter zu erklären, oder angesichts der Tragweite einer solchen Entscheidung etwa einen Verwandten vorzuladen. Nein, sie erhält nur einen offiziellen Brief per Post. Aber ist es möglich, dass so etwas heute in einem fortschrittlichen Land wie dem unseren noch geschieht? Eine höllische Maschinerie wird in Gang gesetzt, ein Verwaltungsapparat, der mit einem kruden Anschein von Wissenschaftlichkeit getarnt ist und der unter Berufung auf das angebliche Interesse des Kindes alles vernichtet, was ihm in die Quere kommt. Notunterbringung in einer anderen Familie, sporadische Besuche der Mutter, die ständig unter Beobachtung steht, als wäre sie eine gefährliche Kriminelle. Ein psychiatrisches Gutachten wird geliefert, das besagt, dass die Frau psychisch krank und nicht geeignet sei, ihre Funktion als Mutter zu erfüllen. Ich bin kein Psychologe, aber vor vielen Jahren habe ich Kurse in Medizin und forensischer Psychiatrie belegt und in meinen früheren Funktionen viele Gutachten gelesen. Der Text, der feststellt, diese Mutter sei unfähig, ihr Kind, das nun zur Adoption bestimmt sei, großzuziehen, erscheint mir auf Anhieb substanzlos. »Gegenstandslos« wird später ein Psychiater sagen, ein echter.

Die Dinge ziehen sich in die Länge, man hat den Eindruck, dass man Zeit gewinnen will, um dann zu sagen, dass es keine Bindung mehr zwischen dem Kind und der Mutter gibt und dass daher eine Rückkehr zur Mutter nicht im Interesse des Kindes ist.

Eine Sozialarbeiterin ist sehr aktiv und sehr wirkungsvoll, getrieben von der ideologischen und fanatischen Überzeugung, dass sie zum Wohle des Kindes handle. Ja, denn sie glaubt, sie verfüge über so viel Wissen, dass sie entscheiden kann, was das Beste für andere ist. Schließlich wird ein Sachverständiger mit großer Erfahrung und anerkannter Kompetenz ernannt, nachdem vorher ein Sachverständiger ernannt worden war, der in der Schweiz gar nicht praktizieren durfte, nur um Zeit zu gewinnen.

Das neue Gutachten, das äußerst umfassend ist, demontiert das vorherige buchstäblich, insbesondere in Bezug auf die Diagnose. Die Würde des Kindes und seiner Mutter wurde in inakzeptabler Weise mit Füßen getreten. Nach mehr als zwei Jahren wird das kleine Mädchen wieder mit seiner Mutter zusammengeführt. Die Familie reicht Zivilklage gegen den Staat ein. Nach sieben Jahren (sieben!) weist das Gericht in erster Instanz den Fall ab. Die Familie, die enorme Summen für Anwälte ausgegeben hat, gibt entnervt auf und legt keine Berufung ein: Sie hat kein Vertrauen mehr in die Justiz. »Nichts ähnelt der Ungerechtigkeit so sehr wie eine verzögerte Gerechtigkeit«, sagte Seneca. Die Mutter lebt jetzt mit ihrem Mädchen zusammen, eine kleine Schwester ist nachgekommen und es gibt auch einen Vater.

Der Europäische Gerichtshof für Menschenrechte hat wiederholt erklärt, dass die Wegnahme des Kindes eine außergewöhnliche Maßnahme sein muss, das allerletzte Mittel. Bevor man zu solchen Extremen greift, müssen alle bestehenden Möglichkeiten genutzt werden, um Mutter und Kind zu unterstützen. Was in diesem Fall nicht einmal in Erwägung gezogen wurde, bevor der letzte Experte glücklicherweise eingriff.

Der Fall von Youssef Nada, einem italienischen Staatsbürger ägyptischer Herkunft, der seit fast fünfzig Jahren in Campione wohnt und in Lugano im Finanzbereich tätig war, ist bekannt, und ich habe bereits darüber geschrieben.[38] Diese Affäre, die 2001 ihren Anfang nahm, hat mich erschüttert, weil die Ungerechtigkeit mit Händen zu greifen war. Der Ingenieur Nada hatte eine erfolgreiche Geschäftskarriere hinter sich, sowohl im Nahen

Osten als auch in der Schweiz. Er hatte nie einen Hehl aus seiner Mitgliedschaft in der Muslimbruderschaft gemacht[39], speziell als Verantwortlicher für Auslandskontakte.

Über diese religiöse, politische und soziale Bewegung ist alles gesagt und geschrieben worden, und oft hat man sich nicht die Mühe gemacht, das Thema ernsthaft zu untersuchen, sondern sich nur auf Vorurteile gestützt. Es stimmt, dass diese Bewegung, die von den autokratischen Regimen der arabischen Welt stets unterdrückt wurde, unterschiedliche Strömungen hat und verschiedene Phasen durchlaufen hat. Die Bruderschaft tritt eindeutig für eine strenge Auslegung des Korans aus sunnitischer Sicht ein und stützt sich auf das Prinzip der Solidarität unter den Gläubigen. Sehr oft hat sie anstelle des Staates soziale und gesundheitliche Aufgaben wahrgenommen. Bestimmte Strömungen haben eine unnachgiebige und sogar gewalttätige Haltung eingenommen, oft als Reaktion auf die heftige Unterdrückung, der sie systematisch ausgesetzt waren.

Wir im Westen haben schon immer wenig Verständnis für die arabische und muslimische Welt im Allgemeinen gehabt. Diese Welt ist nicht einfach, aber sie ist von großer kultureller und historischer Bedeutung und Relevanz. Es stimmt, im Nahen Osten wimmelt es von Diktatoren, die oft brutal, um nicht zu sagen blutrünstig sind. Aber wer sind wir, dass wir sie belehren? Waren nicht die verschiedenen Hitler, Stalin, Mussolini und Franco, der Holodomor, Auschwitz, Hiroshima, der Kolonialismus, der Krieg in Vietnam, die Apartheid, die Zerstörung des Irak und Libyens auf der Grundlage von Lügen ein Produkt des christlichen Westens? Und waren es nicht unsere wirtschaftlichen Interessen, die jeden Versuch, in der arabischen Welt Demokratie zu etablieren, im Keim erstickten, wie 1953 im Iran, als der CIA und der britische Geheimdienst die rechtmäßig gewählte Regierung von Mohammad Mossadegh stürzten, um die Interessen der anglo-iranischen Ölgesellschaft zu wahren? Interessen, die damals von dem Autokraten Schah Reza Pahlavi, dem unterwürfigen Beschützer der leichten Gewinne der Angelsachsen, gut verteidigt wurden. Diese Erinnerung an unsere Geschichte, die so schnell in Vergessenheit gerät, rechtfertigt in keiner Weise die Untaten anderer. Sie sollte uns nur zu größerer Vorsicht bei unseren Urteilen und vielleicht zu ein wenig mehr Bescheidenheit veranlassen.

Die Bruderschaft gehört zu den Protagonisten des Arabischen Frühlings, jener Bewegung, die sich zwischen 2010 und 2012 durch die Länder des Nahen Ostens zieht und das Streben der Menschen nach Freiheit, Gerechtigkeit

Holodomor

So wird die in den dreißiger Jahren von Stalin verursachte Hungersnot bezeichnet, die in der Ukraine Millionen von Menschenleben forderte. Nach Ansicht einiger Historiker, Politiker und Juristen handelte es sich um einen echten Völkermord, nach Ansicht anderer um ein Verbrechen gegen die Menschlichkeit. Die von Stalin gewollten Gesetze, die die Hungersnot auslösten, richteten sich offen gegen die Bauernschaft und betrafen auch Russen, Kasachen und die kaukasischen Regionen. Im Jahr 2003 schätzten die Vereinten Nationen in einer Erklärung, dass die Hungersnot zwischen sieben und zehn Millionen Opfer gefordert hatte. Diese wurde auch von Russland, der Ukraine, den Vereinigten Staaten und mehreren anderen Staaten unterzeichnet.

und Würde zum Ausdruck bringt. In Kairo werden der Tahrir-Platz und seine Demonstrationen zum Symbol für den Willen einer Bevölkerung, die von einem anderen Leben träumt. Die Diktatoren Ben Ali (Tunesien) und Mubarak (Ägypten) werden gestürzt. Zum ersten Mal finden freie Wahlen statt, und endlich kann sich die Muslimbruderschaft offiziell präsentieren. Im Juni 2012 wird Mohamed Mursi, ihr Kandidat, der erste und einzige demokratisch gewählte Präsident von Ägypten. Das gefällt vielen nicht: weder der Armee noch Israel, noch dem Westen (insbesondere nicht den USA, die seit Jahren Kader in der ägyptischen Armee ausbilden).

Die kurze Amtszeit von Mursi war sehr schwierig und es ist einfach, sie zu kritisieren. Man vergisst aber meistens, darauf hinzuweisen, dass der demokratisch gewählte Präsident zwar erklärt hat, er wolle eine von den Grundsätzen des Islams inspirierte Republik errichten (nicht anders als Israel von den Grundsätzen des Judentums), gleichzeitig aber ihren säkularen Charakter betonen. Unter seinen vier engsten Mitarbeitern waren eine Frau, ein Universitätsprofessor für Politikwissenschaft und ein als liberal geltender koptischer Christ.

Ein Jahr später kehrt mit einem Staatsstreich des Militärs und mit General al-Sisi die Diktatur zurück, mit dem Segen, wenn nicht sogar der Hilfe der westlichen Demokratien, die den General als wirksamen Schutzwall gegen den islamischen Fundamentalismus betrachten. Ungeachtet der systematischen Verletzung der Grundrechte und der brutalen und bösartigen Unterdrückung derjenigen, die nicht so denken wie die Machthaber. Auch die Geschäftswelt ist zufrieden, denn – wie uns Pinochets Chile lehrt – mit einer Diktatur Geschäfte zu machen, ist weniger kompliziert als mit Demokratien in ihren ersten unsicheren Schritten.

Beispiel Syrien

Die Muslimbruderschaft lehnte das syrische Regime von Hafiz al-Assad (Vater des derzeitigen Präsidenten Baschar) ab, dem sie vorwarf, sie zu unterdrücken, weil sie Sunniten seien (die Familie al-Assad gehört der alawitischen Religionsgemeinschaft an, die in Syrien eine Minderheit darstellt, aber die Macht innehat). 1982 kam es in der Stadt Hama, die eine große sunnitische Mehrheit hat, zu einem Aufstand, der mit einer beispiellosen Grausamkeit unterdrückt wurde, wobei etwa 40 000 Menschen starben. Die Muslimbruderschaft wurde besonders ins Visier genommen. Die USA und die europäischen Mächte bevorzugten das blutrünstige Assad-Regime, weil sie glaubten, es sei ein regionaler Ausgleichsfaktor gegen eine Bewegung, die als islamistisch galt.

Aber zurück zum Fall Nada: Wir wollen kurz zusammenfassen, was bekannt ist. In einem Hotel in London will Youssef Nada mit einer Kreditkarte bezahlen, die aber nicht akzeptiert wird. Sogleich wird er von Beamten in Zivil angesprochen, die ihm mitteilen, dass er auf der schwarzen Liste des UNO-Sicherheitsrats steht, weil er verdächtigt wird, Verbindungen zur Terrorgruppe al-Qaida zu haben. Er muss sofort in seine Villa in Campione zurückkehren, darf die Grenze nicht mehr überqueren, und sein gesamtes Vermögen wird beschlagnahmt. So wird er jahrelang in der vom Schweizer Kanton Tessin umgebenen italienischen Mikro-Exklave Campione eingesperrt sein, er muss alle seine Aktivitäten einstellen und alle Mitarbeiter entlassen.

Diese Maßnahmen wurden ergriffen, ohne den Betroffenen anzuhören und ohne ihm die Möglichkeit zu geben, die konkreten Elemente der Anschuldigungen zu erfahren oder Rechtsmittel einzulegen. Und das, obwohl die UNO ihre Mission auf Frieden, Gerechtigkeit und die Achtung der Grundrechte gründet! Im Prolog der UN-Charta heißt es feierlich: »Wir, die Völker der Vereinten Nationen, fest entschlossen [...], unseren Glauben an die Grundrechte des Menschen zu bekräftigen [...], Bedingungen zu schaffen, unter denen Gerechtigkeit und die Achtung vor den Verpflichtungen aus Verträgen und anderen Quellen des Völkerrechts gewahrt werden können [...]«. Diese Grundsätze der Gerechtigkeit und der Achtung des Völkerrechts werden dann in Artikel 1 der UNO-Charta formell bekräftigt.

Es gibt perfide Vorboten, die sich später als orchestrierte Verleumdung herausstellen. Insbesondere einige Presseartikel, darunter die des Journalisten Guido Olimpio vom *Corriere della Sera* und von Sylvain Besson von der Schweizer Zeitung *Le Temps*, unterstellen, dass das Finanzinstitut von Nada in Lugano den Terrorismus unterstützt. Unter anderem wegen dieser Artikel eröffnen sowohl die Staatsanwaltschaft in Mailand als auch die Bundesanwaltschaft Strafverfahren gegen den Mann, die beide nach einigen Jahren eingestellt werden, da nichts gegen Nada gefunden wurde. *Nichts, nada!*

Nadas behandelnder Arzt fragte mich, ob das, was mit seinem Patienten passiere, in einem demokratischen Staat, der auf dem Primat des Rechts beruht, normal sei.

Zuerst fällt es mir schwer, das, was ich in der Folge über den Fall erfahre, zu glauben, doch dann, nachdem ich unseren Botschafter bei der UNO kontaktiert habe, stelle ich nicht ohne Bestürzung fest, dass alles zutrifft. Ich wende mich an den Europarat und werde beauftragt, einen Bericht über die Funktionsweise der schwarzen Listen der UNO und ihre Vereinbarkeit mit dem Schutz der Grundrechte zu verfassen, einen Bericht, der dann angenommen wird und für Aufsehen sorgt.

Als ich den Fall im Ausschuss vortrug, mischte sich ein britischer Kollege, ein ehemaliger stellvertretender Labour-Premierminister, ein und sagte im Grunde:

Die Medienanschuldigungen

Der italienische Journalist Guido Olimpio hatte am 20. Oktober 1997 im *Corriere della Sera* behauptet, die von Nada mitgegründete Bank Al Taqwa habe 60 Millionen Dollar an die Hamas und andere islamistische Organisationen gespendet. Nach einem achtzehn Jahre dauernden Verfahren wurde Olimpio vom italienischen Kassationsgerichtshof dazu verurteilt, Youssef Nada wegen seiner falschen und herabwürdigenden Äußerungen Schadenersatz zu leisten. Olimpio hatte sich mit der Behauptung verteidigt, er habe die Nachrichten in einer Geheimdienstakte gelesen. In Wirklichkeit kamen die Geheimdienstberichte erst nach dem Artikel zustande und wurden wahrscheinlich durch diesen inspiriert. Im Milieu war zudem die Nähe des Journalisten zum israelischen Geheimdienst seit langem bekannt (er war viele Jahre lang Korrespondent in Jerusalem). Olimpio sagte auch vor einem Ausschuss des US-Kongresses aus und behauptete, Nada finanziere die terroristische Vereinigung Hamas.

Im Jahr 2005 veröffentlichte Sylvain Besson ebenfalls ein Buch mit Anschuldigungen gegen Nada. Ein weiteres Buch mit denselben Anschuldigungen, die nie bewiesen und, wie wir gesehen haben, von den Gerichten zurückgewiesen wurden, wurde von dem französischen Journalisten Richard Labévière veröffentlicht.

Es ist wohl doch eher unwahrscheinlich, dass dies keine konzertierte Aktion gegen Nada gewesen ist. Von wem gesteuert?

»Marty, du bist gut, das wissen wir, aber dieses Mal schießt du einen Bock, so etwas passiert doch in der UNO nicht!« Bei der nächsten Sitzung sagte derselbe Kollege, er habe sich beim Foreign Office erkundigt: »Leider stimmt alles!« Er war sichtlich niedergeschlagen.

Die Schweiz ist über das Staatssekretariat für Wirtschaft SECO für die Umsetzung der UNO-Sanktionen zuständig, und dieses genehmigt die monatliche Freigabe der Mittel, die Herrn und Frau Nada das Leben ermöglichen. Nadas Anwalt wendet sich an das Bundesgericht mit der Begründung, dass die grundlegendsten Rechte seines Klienten (die sogar für jeden Serienmörder gelten) mit Füßen getreten werden. Unser Bundesgericht weicht aus und erklärt, es sei verpflichtet, höheres Recht anzuwenden, nämlich das der Vereinten Nationen. Mit einem Mindestmaß an Gerechtigkeit und Mut hätte man sagen müssen, dass eine Person, die jahrelang einem solchen Regime unterworfen ist, ohne Möglichkeit, sich zu verteidigen und sich an eine unabhängige Instanz zu wenden, das Opfer einer unwürdigen Behandlung ist, die mit unserer öffentlichen Ordnung unvereinbar ist und darüber hinaus den Grundsätzen der Charta der Vereinten Nationen widerspricht.

Der Europäische Gerichtshof für Menschenrechte wird den gesunden Menschenverstand und den Mut haben, die Schweiz zu verurteilen. Aber Nada bleibt noch einige Zeit auf der schwarzen Liste. Dann endlich wird sein Name gestrichen, zuerst von der UNO-Liste, dann von der der USA. Doch der moralische und finanzielle Schaden ist enorm. Die Justiz spricht ihn frei, die UNO streicht ihn von der Liste, der Straßburger Gerichtshof gibt ihm recht und stellt fest, dass seine Grundrechte verletzt wurden. Doch das reicht nicht aus. Unsere Banken, deren Tugenden punkto Korrektheit und Moral bekannt sind, weigern sich, ein Konto für Nada und seine Familie zu eröffnen (und das gilt auch für die Banken, die zu seiner Zeit gute Geschäfte mit ihm gemacht haben). Aber das ist noch nicht alles.

Nachdem der völlig willkürliche Mechanismus der Sanktionen des Sicherheitsrates und die Verurteilung der Schweiz in Straßburg aufgedeckt wurde, reiche ich bei den eidgenössischen Kammern einen Antrag ein. Im Wesentlichen schlage ich vor, dass die Schweiz die UNO-Sanktionen für die Dauer von drei Jahren anwendet; danach wird sie sie nur noch gegen diejenigen anwenden, die das Recht hatten, bei einer unabhängigen Berufungsinstanz Einspruch zu erheben. Der Antrag wird vom Ständerat einstimmig angenommen. Das gefällt der Außenministerin Micheline Calmy-Rey überhaupt nicht, denn sie sieht dadurch die Beziehungen zu den Vereinigten Staaten (die diese Art von Sanktionen wesentlich unterstützen) und den begehrten Sitz im Sicherheitsrat gefährdet.

Es war amüsant zu sehen, mit welchem Eifer sich eine Sozialistin gegen eine Maßnahme wehrte, die auf einem Grundprinzip des Rechtsstaates basiert (sogar dann, wenn doch noch drei Jahre der Willkür »erlaubt«

gewesen wären). Aber auch die Mehrheit des Nationalrats stimmte dem Antrag zu; der Text wurde angenommen, aber nie angewandt: Seit 2009, dem Datum der Annahme, wurde der Antrag jedes Jahr auf die Tagesordnung gesetzt und – ausgesetzt. Die Schweiz hat nicht den Mut, sich zu exponieren und in Sachen Gerechtigkeit und Grundrechte eine Führungsrolle zu übernehmen. Sie tut dies in schönen Reden, aber nicht, wenn es um ganz konkrete Fälle geht oder wenn es darum geht, sich gegen jemanden zu stellen, der stärker ist und als wichtig für unsere Wirtschaft gilt.

Warum sagen wir zum Beispiel nichts zu der beschämenden Julian-Assange-Affäre? Warum sollen diejenigen, die unbequeme Wahrheiten enthüllen, zum Schweigen gebracht werden, wie es mit Edward Snowden geschehen ist? Aber die Geschichte wird sich an sie erinnern, nicht an diejenigen, die sie zum Schweigen gebracht haben.

Das Ehepaar Nada hat zwei Töchter und zwei Söhne. Alle haben eine höhere Ausbildung mit Abschlüssen von angesehenen Universitäten absolviert und bekleiden wichtige Positionen in verschiedenen Ländern. Einige haben auch amerikanische Pässe, weil sie in den Vereinigten Staaten geboren wurden. Der Jüngste, Hazim, scheint das Gespür seines Vaters fürs Geschäft geerbt zu haben und betätigt sich erfolgreich im Rohstoffhandel, mit einem kleinen unabhängigen Unternehmen, das bald beginnt, die Branchenkolosse zu ärgern, die diesen

Sektor kontrollieren. Nun erscheint ein Artikel, geschrieben von dem bereits erwähnten Journalisten von *Le Temps*, der Nadas Sohn Hazim hinterhältig mit den angeblichen Affären seines Vaters und mit der Muslimbruderschaft in Verbindung bringt. Der Artikel hat eine verheerende Wirkung auf die Kunden und Banken von Nada jr. »Die Geschichte wiederholt sich«, könnte man sagen.

Wenn diese Journalisten ehrlich und professionell gewesen wären, hätten sie vielleicht erkannt, dass sie es bei der Familie Nada nicht mit radikalisierten religiösen Fanatikern zu tun hatten. Nur ein Beispiel: Hazim besuchte die Pflichtschule im Tessin in einem katholischen Internat. Kann man sich vorstellen, dass eine Familie, die sich mit *Comunione e Liberazione* identifiziert, oder eine orthodoxe jüdische Familie ihre Kinder in eine muslimische Schule schickt? Ich muss hinzufügen, dass Hazim Nada keine Verbindungen zur Muslimbruderschaft hat und auch nie hatte.

Warum diese ganze Kabale gegen die Familie Nada? Wie bereits erwähnt, hatte sich der Vater sehr exponiert, selbst wenn er immer gemäßigte Positionen vertrat, und das im Kontext einer arabischen Welt, die von Giften und Feindschaften durchsetzt ist, zum Beispiel zwischen Saudi-Arabien, den Emiraten und Katar oder der Türkei. Eine komplexe Welt, die für uns nicht immer leicht zu verstehen ist. Nachdem der Vater geschlagen wurde, ist nun der Sohn an der Reihe, der die Kühnheit besitzt, seine eigenen Wege zu gehen, ohne sich dem einen oder anderen der regionalen Paten zu unterwerfen.

Eines schönen Tages erhalte ich eine mysteriöse E-Mail mit Dokumenten, die angeblich illegale Aktivitäten gegen Hazim Nada und seine Familie belegen. Da steht (auf Englisch) geschrieben: »Wir möchten Ihnen wichtiges und sensibles Material über eine groß angelegte illegale Operation in der Schweiz zukommen lassen, der Ihr Freund und seine Familie zum Opfer gefallen sind.« Es folgen Anweisungen, wie ich an diese Dokumente gelangen kann. Ich verstehe gleich, worum es geht und warne Hazim Nada und empfehle ihm, sich rechtlich beraten zu lassen. Ich selber hatte mit Youssef und Hazim Nada nie ein berufliches Mandatsverhältnis. Ich interessierte mich für den Fall als Politiker und als Bürger, für welchen die Funktionsweise der Justiz wichtig ist. So lernte ich einen Teil der Familie Nada kennen: vorzügliche Menschen von großer Kultur.

Wie bei den Panama Papers oder den LuxLeaks haben die Hacker zugeschlagen und kriminelle Praktiken und Verhaltensweisen aufgedeckt, die den (oft nicht allzu neugierigen) offiziellen Ermittlern entgehen. Aus der beeindruckenden Masse an Dokumenten geht hervor, dass ein in Genf ansässiges Detektivbüro von den Arabischen Emiraten den Auftrag erhielt, alles zu tun, um den Ruf von Hazim Nada zu zerstören. Und wie es der Zufall will, taucht der Name des unvergleichlichen Journalisten von *Le Temps* auf. Sogar der Eigentümer der Detektei, Mario Brero, scheint nicht über jeden Verdacht erhaben zu sein (damals von *Le Temps* als »Vater der Schweizer Ermittler« bezeichnet!): Er hat enge Beziehungen zum

Scheich von Abu Dhabi (bekannt als MBZ, für Muhammad bin Zayid), einem Diktator, der jede Dissidenz brutal niederschlägt. Brero wurde in den Vereinigten Staaten auch angeklagt, illegal Verschlüsselungsmaterial nach Libyen exportiert zu haben, das dazu benutzt wurde, um Regierungsgegner auszuspionieren und zu schädigen.

Eine unglaubliche und beunruhigende Geschichte, über die eine angesehene amerikanische Zeitung nach einer intensiven und akribischen Untersuchung berichtet.[40] Beunruhigend, denn trotz dieser sensationellen Untersuchung hat die Schweizer Presse geschwiegen oder fast geschwiegen: Und es gab keine Reaktion der Bundesanwaltschaft (was in diesem Fall auch nicht überrascht). Die journalistische Untersuchung hat nur einen Teil des verfügbaren Materials ausgewertet; wir können also mit neuen Überraschungen rechnen. Beunruhigend ist auch die Tatsache, dass eine ausländische Regierung einer Agentur in unserem Land einen Auftrag erteilt, um Menschen und Unternehmen zu schaden (zufälligerweise handelt es sich um dasselbe Emirat, das jenen Genfer Staatsrat eingeladen hatte, der später wegen Annahme von Geschenken verurteilt wurde).

In Anbetracht all dessen: Es tut sich nichts. Fast nichts. Es bedurfte in der Tat eines französischen Medienunternehmens, um diesen Skandal in Zusammenarbeit mit einem internationalen Konsortium von Enthüllungsjournalisten, darunter SRF Ticino (RSI) und Romandie (RTS), aufzudecken (und doch mangelt es nicht an denen, die die öffentlich-rechtlichen Medien gerne zum Schweigen bringen würden!).

Die Tatsache, dass seit über drei Monaten kein oder kaum ein Schweizer Medium die von *The New Yorker* veröffentlichte gründliche Untersuchung erwähnt hat, ist ein sehr beunruhigendes Symptom für den Zustand der Freiheit und Unabhängigkeit der Schweizer Presse. Es drängt sich der Verdacht auf, dass wichtige Personen mit Positionen in oder nahe bei den Institutionen in die Affäre verwickelt sind. Dabei handelt es sich um Fakten, die unser Land und seine Souveränität betreffen. Die heimtückischste Zensur ist eigentlich die Selbstzensur, das Schweigen, das gewählt wird, um Probleme zu vermeiden oder aus falsch verstandener Solidarität mit kompromittierten Kollegen.

X Anatomie einer verweigerten Untersuchung

Der berühmte Anruf des Polizeikommandanten am 18. Dezember war sicherlich unerwartet, aber nicht allzu überraschend. Ich wusste, dass ich Drohungen ausgesetzt war, das ist schon vielen anderen passiert und gehört zu den Risiken des Berufs.

Vor etwa fünfzehn Jahren war ich als Sachverständiger in einem Prozess vor dem Wiener Strafgerichtshof gegen Attentäter geladen, die tschetschenische Flüchtlinge, Gegner des Regimes, in Österreich getötet hatten. Der tschetschenische Präsident Ramsan Kadyrow wurde ernsthaft verdächtigt, der Anstifter dieser Morde zu sein. Ich wurde nach Tschetschenien und in den Nordkaukasus geschickt und hatte einen Bericht über die dortige Menschenrechtslage verfasst. Ich traf auch Kadyrow, dem ich viele Fragen stellte, die ihm überhaupt nicht gefielen. Das Wiener Gericht hatte mich gefragt, was ich herausfinden konnte und welchen Eindruck ich von der Persönlichkeit des Präsidenten hatte. Zur Persönlichkeit antwortete ich, dass diese meiner Meinung nach Züge aufwies, die nach dem, was man mir in der juristischen Psychiatrie beigebracht hatte, der Psychopathie nahe kamen, wenn nicht sogar ihr vollständig entsprachen.

Auf dem Weg nach draußen folgte mir ein Anwalt und sagte: »Entschuldigen Sie, aber sind Sie lebensmüde?« Ich hatte die Frage des Gerichts aufrichtig beantwortet, der Inhalt meiner Antwort hatte sowieso niemanden wirklich überrascht. Jeder wusste das. Das aber laut auszusprechen, war eine andere Sache. Ich war immer der Meinung, dass dies meine Pflicht war.

Es war nicht so sehr die Drohung, die mich beunruhigte, sondern die Mittel, die eingesetzt wurden. Aber was mich wirklich zermürbte, war die Haltung der Ermittlungsbehörde und der verantwortlichen Politiker. Wir dürfen nicht vergessen, dass es sich um ein politisches Verbrechen handelt, das eine Genehmigung der Regierung erfordert, die nicht nur die rechtlichen, sondern auch die politischen und diplomatischen Aspekte abwägen muss. Die Chronologie dessen, was man als Untersuchung bezeichnet, lässt an Dino Buzzatis *Die Tatarenwüste* denken, wo das endlose Warten zum Leben wird, wo eine Festung ein Versprechen ist, das nie erfüllt wird.

18. Dezember 2020. Telefonanruf des Polizeikommandanten, Sicherheitsvorrichtung, bewaffnete Beamte Tag und Nacht im Haus. Das bedeutet, dass FedPol schon damals über konkrete, übereinstimmende und glaubwürdige Informationen über die Gefahr verfügte. Die Unterlagen bestätigen dies; die Bundesanwaltschaft eröffnet

die Voruntersuchung mit Beschluss vom 18. Dezember 2020.

In Anbetracht der außergewöhnlichen Mittel, die eingesetzt wurden, ist klar, dass die Bedrohung vermutlich von besonders gefährlichen Kreisen ausgeht, die über die Fähigkeiten und Mittel verfügen, das Ziel zu treffen. Der Bundesrat beschließt, die Sonderdienste der Militärpolizei zu mobilisieren. Die Tessiner Regierung ist also sofort informiert, eine Tatsache, die von einiger Bedeutung ist, um die Folgen und Auswirkungen bestimmter zweideutiger Aussagen besser zu verstehen.

Eine Morddrohung gegen einen ehemaligen Politiker, Staatsanwalt und Berichterstatter des Europarats, offensichtlich aus Gründen, die mit seiner früheren institutionellen Tätigkeit zusammenhängen: Die Straftat ist rechtlich gesehen politischer Natur. Das bedeutet, dass die Strafverfolgungsbehörde nur mit Genehmigung des Bundesrates ein Verfahren einleiten kann, eine Entscheidung, die normalerweise an den Chef des Justiz- und Polizeidepartements delegiert wird (wobei der Gesamtbundesrat informiert wird). Am 2. August 2021 beantragt die Bundesanwaltschaft beim Departement die Genehmigung zur Eröffnung des Strafverfahrens. Es dauert fast acht Monate, um diese Entscheidung zu treffen. Die Leiterin des Departements teilt die Genehmigung mit, die am 24. August 2021 bei der Staatsanwaltschaft eingeht. Acht Monate!

Im Juli 2021 bittet die Staatsanwaltschaft den Richter um die Erlaubnis, den Polizeiinformanten anonym zu befragen. Diese ziemlich außergewöhnliche Maßnahme ist vorgesehen, wenn gewichtige Gründe für die Annahme bestehen, dass der Zeuge einer ernsten Gefahr ausgesetzt ist (Art. 149 und 150 der Strafprozessordnung). Die Erlaubnis wird erteilt. Der Staatsanwalt erklärt, dass der Informant bekannt ist und als vertrauenswürdige Quelle gilt und dass seine Angaben mit den durchgeführten Ermittlungen übereinstimmen. Außerdem hat ein Psychologe seine Zuverlässigkeit bescheinigt. Auch die Beteiligung des serbischen Geheimdienstes wird als plausibel erachtet. Der Informant wird am 15. Oktober zum ersten Mal offiziell von der Staatsanwaltschaft verhört (in den Akten findet sich kein Protokoll über die Vernehmung vor der Polizei) und bestätigt, was im Wesentlichen bereits im Dezember des Vorjahres bekannt war. Zehn Monate. Zehn!

In der Zwischenzeit haben meine Frau und ich einige gesundheitliche Probleme mit Krankenhausaufenthalten, was meine ungewöhnliche Passivität erklärt. Seit dem Alarm ist nun ein Jahr vergangen. Immer maximale Sicherheit, ununterbrochen geschützt, sogar im Wald beim Spaziergang mit dem Hund. Ich habe die Staatsanwaltschaft mehrmals gefragt, warum nicht ein internationales Rechtshilfeersuchen mit einem Richter vor Ort angeordnet wurde. Meiner Meinung nach wäre es notwendig, den richtigen Gesprächspartner zu finden (etwas, was ich bei meinen Ermittlungen mit Verbindungen zum Ausland immer getan habe, und ich habe viele geführt), was über verschiedene Kanäle möglich ist: persönliche Beziehungen, die Schweizer Botschaft vor Ort, ein FedPol-Beamter, der in der Botschaft in Belgrad anwesend ist.

Der Staatsanwaltschaft gibt mir zwei verschiedene Erklärungen, um diesen Verzicht zu rechtfertigen. Erstens sagt sie mir, dass der Antrag von den politischen Behörden auf jeden Fall abgelehnt würde, um unangenehme diplomatische Turbulenzen in den heiklen Beziehungen zu Serbien und dem Kosovo zu vermeiden. Dann, etwa ein Jahr später, erzählt mir der Staatsanwalt, dass er freiwillig auf das Rechtshilfeersuchen verzichtet habe, um den Verdächtigen (das Verfahren war und ist meines Wissens gegen Unbekannt, obwohl die Namen und Umstände bekannt sind) nicht den Vorteil zu verschaffen, Einsicht in die Akte nehmen zu können. Eine ziemlich spitzfindige Erklärung.

Welche andere Strategie wurde also gewählt? Einfach abwarten und Tee trinken? Ich habe den Ermittlern geschrieben, dass sich eine Untersuchung nicht nur auf den Schutz des Opfers beschränken darf, das ins Visier genommen wurde, sondern auch und vor allem darauf abzielen muss, die Bedrohung zu neutralisieren und die Täter vor Gericht zu bringen.

Mein Wortschatz wurde daraufhin um ein neues Wort bereichert: *disruption!*, zu Deutsch: Störung. Ein technischer Begriff, der einen starken und plötzlichen Anstieg des elektrischen Feldes bezeichnet; später auch in der Wirtschaft verwendet, um die Umwälzung zu beschreiben, die durch die Anwendung einer noch nie dagewesenen Strategie auf einem bis dahin als stabil angesehenen Markt erreicht wird. Das heißt, man wollte also eine Aktion durchführen, um die Verbrecher wissen zu lassen, dass die Schweizer Ermittler von ihrem Plan wussten und dass er deshalb gescheitert war. Ich möchte darauf hinweisen, dass der gegen mich geplante Anschlag von allen als eine Tat angesehen worden wäre, die von denjenigen begangen worden wäre, die den in Den Haag inhaftierten Kosovaren nahe stehen (was ziemlich wahrscheinlich ist). Aber warum so lange warten? Ich erinnere mich, dass mir kurz vor Weihnachten 2021 (nach einem Jahr unter Polizeischutz!) ein Polizeibeamter vertraulich mitgeteilt hatte, dass es mit den Weihnachtsgeschenken endlich eine positive Überraschung geben würde. Und doch geschah nichts. Zwölf Monate. Zwölf!

Einige Monate vor dem berühmten Anruf war ich von einer Journalistin des Programms »Temps présent« vom Sender RTS im Rahmen eines seit Jahren bestehenden Sendegefässes interviewt worden: Es handelt sich um ein langes Gespräch mit einer Persönlichkeit über ihr Leben und ihre Arbeit. Das Filmmaterial wird immer von einem anerkannten Profi geschnitten und nach einer öffentlichen Präsentation dem Schweizer Filmarchiv in Lausanne übergeben und dort hinterlegt. Aufgrund von Covid und meiner Situation war die Präsentation des Films mehrmals verschoben worden. Im Februar 2022, immer noch unter maximalem Schutz (vierzehn Monate!), beschloss ich, nach Lausanne zu fahren, mit allem, was das an logistischem Aufwand bedeutete.

Im Auditorium des Schweizer Filmarchivs wurde das Video vorgeführt, und es fand ein Dialog mit dem Publikum statt, der von derselben Journalistin moderiert wurde, die auch das gefilmte Interview geführt hatte (so hatte ich die Gelegenheit, die beiden jüngsten Schweizer Nobelpreisträger für Chemie und Physik zu treffen und mit ihnen zu diskutieren: ein magischer Moment). Es folgte ein Abendessen. Die Journalistin, die zur Investigativabteilung des Fernsehens gehörte, bemerkte sofort die Begleitung, so diskret sie auch war. Sie verstand, recherchierte und bat mich, ihr ein Interview für das Sonntagabendprogramm »Mise au point« zu geben. Also beschließe ich, es selbst in die Hand zu nehmen, meine eigene persönliche *Disruption* durchzuführen, sozusagen. Der Bericht sorgte für Aufsehen und eine Menge Nervosität. Vierzehn Monate. Vierzehn!

Das Schlimme nimmt kein Ende. Ich erfahre, dass die *Disruption* in Wirklichkeit schon vor einiger Zeit stattgefunden hat. Im Besitz der Daten des Informanten kontaktiert FedPol (mit oder ohne Genehmigung der Bundesanwaltschaft, ich weiß es nicht) Interpol Belgrad. Ein schwerwiegender Fehler, den selbst ein unerfahrener Ermittler nicht machen sollte. Wenn man den Verdacht hat, dass Elemente, die mit der Polizei oder den Geheimdiensten eines fremden Landes verbunden sind, in einen kriminellen Plan verwickelt sind, sollte man nie die lokale Interpol kontaktieren. Das ist eine Frage der elementaren Vorsicht. Und was passieren musste, passierte auch. Die Verbrecher werden umgehend informiert und verdächtigen sofort den Informanten der Polizei, der fliehen muss. Auch er wird unter Schutz gestellt – in der Schweiz! Wenn dies nicht die Realität wäre, müsste man von einem absurden Theater sprechen.

Auch das Absurde nimmt kein Ende. Ich erfahre, dass es Neuigkeiten gibt, leider immer noch enttäuschend und frustrierend. Wie immer: Anspielungen und geheimnistuerische Wendungen, nie eine präzise und analytische Beschreibung, nie die Vorstellung eines Aktionsplans. Ich bin nur ein Opfer, und die Verbrecher bleiben völlig ungestört. Man sagt mir, dass der Informant die von der FedPol aufgestellten Schutzregeln nicht vollständig einhält. Er will seine Frau sehen, er geht einkaufen, und schließlich fliegt der Schutz auf. Die Beziehungen zwischen den Ermittlern und dem Informanten sind also gestört. Letzterer bietet neue Informationen an, insbesondere über die in der Schweiz versteckten Waffen und die Kontakte der Kriminellen in unserem Land. Aber die Staatsanwaltschaft will nichts mehr hören, sie ist überzeugt, dass es sich um Lügen handelt, um Geld zu erpressen.

Aber wie? Bis vor kurzem wurde er von mehreren europäischen Polizeibehörden als vertrauenswürdig angesehen (in deren Diensten er immer noch steht)! Gibt es irgendwelche Beweise für diesen angeblichen Betrug? »Nein, das ist meine Überzeugung!«, sagt der Staatsanwalt. Zum Glück verlassen sich diejenigen, die ernsthaft in der Justiz arbeiten, nicht nur auf eigene Überzeugungen. Intuitionen sind wertvoll (und ich hatte das Glück, mehrere davon zu haben), aber sie müssen durch Beweise untermauert werden. Ich schreibe an die Staatsanwaltschaft und fordere, dass der Informant zumindest zu seinen neuen Enthüllungen angehört wird. Bei allem, was seit fast zwei Jahren unternommen wird, ist es schwer zu verstehen, warum diese kleine Anstrengung jetzt nicht unternommen wird.

Keine Antwort: die Staatsanwaltschaft antwortet nie auf Briefe, außer um über die üblichen trivialen Verwaltungsformalitäten zu informieren. Und in der Tat, die Antwort ist nie gekommen.

Die *Disruption* durch das französischsprachige Fernsehen RTS hat die Ermittler aus ihrer Erstarrung geweckt. Zumindest scheinbar. Im April 2022 reisten zwei FedPol-Agenten nach Belgrad, um ihre serbischen Kollegen zu treffen (sechzehn Monate! Ja, sie brauchten etwa 460 Tage, um sich zu entschließen, mit den Serben zu sprechen, die bereits schon alles wussten). Wer kann diese sechzehn Monate des Wartens, der Untätigkeit erklären? Sechzehn Monate. Sechzehn!

Die investigative Journalistin, die bereits über die Geschichte berichtet hatte, vertieft sich in das Thema und reist auf den Balkan. Ein Auftrag, der zu einer Sendung von »Temps présent« führt, die sich ganz diesem Thema widmet. Und da ist der Knüller: Die Journalistin identifiziert und trifft den Polizeiinformanten. Dieser ist sehr wütend und beschuldigt die Schweizer, sein Leben ruiniert zu haben. Die Beziehungen zwischen der Quelle (wie es im Fachjargon heißt) und der FedPol haben sich in der Tat stark verschlechtert. Zuerst war da die ungeschickte Meldung an Interpol Belgrad, die die Quelle in ernsthafte Gefahr brachte, dann warf die Polizei ihr mangelnde Disziplin vor, als der Informant in der Schweiz unter strengem Schutz stand. Und schließlich, als die Quelle neue Informationen liefern wollte, insbesondere über den Verbleib der Waffen für den geplanten Anschlag und die in der Schweiz anwesenden Komplizen, wollte die FedPol nichts mehr davon wissen.

Natürlich verlangte der Informant ein Honorar, aber das sind die Spielregeln bei Informanten, und die Polizei lässt sich in der Regel darauf ein, wenn sie glaubt, dass die Quelle seriös und glaubwürdig ist (und so wurde sie vor dem Richter beschrieben) und dass die Informationen potenziell wichtig sind (was sie zu sein scheinen, da von Waffen und möglichen Komplizen die Rede ist). Ein weiterer Brief von mir an die Ermittler: Da schon so viel gemacht worden ist, warum nicht diesen Schritt noch wagen? Es wird niemanden überraschen, wenn ich sage, dass keine Antwort gekommen ist.

Nein, ich rechne nicht ab. Ich würde es nicht in dieser Form tun. Ich erzähle diese Geschichte gerade deshalb, weil sie weit über meinen Fall hinausgeht. Natürlich empfinde ich Enttäuschung und Bitterkeit, weil ich zu denjenigen gehörte, die damals eine neue Bundesanwaltschaft und eine neue Bundespolizei mit mehr Befugnissen wollten, die besser gegen das organisierte und internationale Verbrechen hätten vorgehen können. Es gab eine Zeit, in der die Bundesbehörde nur über wenige Kompetenzen verfügte und der größte Teil der Arbeit zur Bekämpfung der Schwerkriminalität den 26 kantonalen Staatsanwaltschaften anvertraut wurde, die mit ständigen Kompetenzstreitigkeiten und dem Unverständnis ausländischer Richter konfrontiert waren, die nie wussten, an wen sie sich wenden sollten.

Der Bundesrat hatte eine schweizerische Lösung vorgeschlagen: Die Bundesanwaltschaft sollte Ermittlungen mit internationalem Charakter übernehmen können, die für die Kantone zu komplex waren. Dies war ein absur-

Bundesanwaltschaft 2016–2020

Am 20. Juni 2023 veröffentlichte die Aufsichtsbehörde einige Schlussfolgerungen aus ihren Inspektionen bei der Bundesanwaltschaft. Ein besonders hartes Urteil: Es spricht von mangelhafter Aktenführung, drei von vier Verfahren werden ohne Anhörung der Beschwerdeführer eingestellt (bei Anklagen geschieht dies in neun von zehn Fällen), es ist die Rede von irreführenden Statistiken und vielem mehr. Die Überprüfung erstreckt sich auf den Zeitraum von 2016 bis 2020. Es scheint, dass Verbesserungen im Gange sind, aber die Kultur der Leichtfertigkeit und Inkompetenz lässt sich nicht so leicht ändern. Und es wird noch mehr Ärger geben. Eine US-Kommission, die sich aus Mitgliedern des Parlaments, der Verwaltung und der Zivilgesellschaft zusammensetzt, hat die Regierung aufgefordert, Sanktionen gegen den ehemaligen Bundesanwalt Michael Lauber und zwei Beamte der Bundesanwaltschaft und des Bundesamts für Polizei (FedPol) zu verhängen, die der Korruption in einem Fall beschuldigt werden, bei dem es um russische Vermögenswerte ging. In der Form ist die Anschuldigung ungewöhnlich und sogar anmaßend, in der Substanz entbehrt sie jeglicher Beweise. Es stimmt, dass die der Anschuldigung zugrunde liegende Affäre sehr undurchsichtig ist (es geht um die Magnitsky-Affäre). Erwähnenswert ist der Kommentar von Professor Mark Pieth, einem Strafrechtler und Korruptionsexperten: »Wenn man Herrn Lauber etwas vorwerfen kann, dann ist es seine Personalpolitik. Gute Leute wurden entlassen. Die Inkompetenten blieben.« (*Basler Zeitung*, 2. August 2023).

des System, denn es ließ einen Spielraum bei der Auswahl der Fälle, der völlig willkürlich genutzt werden konnte. Stattdessen wurde die »Marty-Abänderung« verabschiedet, die eine klare Aufteilung der Kompetenzen zwischen den kantonalen Strafverfolgungsbehörden und den Behörden des Bundes vorsah. Dies hätte eine Stärkung der Bundesanwaltschaft und der Bundespolizei zur Folge haben können. Leider hatten es die erfahrensten Staatsanwälte und Agenten entgegen den Erwartungen vorgezogen, in den Kantonen zu bleiben. Bedauerlicherweise zeichnete sich die neue Bundesanwaltschaft mehr durch ihre Misserfolge (etwa die FIFA-Ermittlungen) als durch ihre Erfolge bei der Bekämpfung der organisierten Kriminalität aus.

Wie gesagt, da es sich in meinem Fall um ein politisches Verbrechen handelte, war ein besonderer Beschluss des Bundesrates erforderlich. Der Staatsanwalt teilte mir schon früh mit, dass er auf das Rechtshilfeersuchen verzichten wolle, was ich dagegen als selbstverständlich betrachtet hätte. Er war sich sicher, dass die politischen Behörden sich dem widersetzen würden. Dachte er das wirklich, oder hatte ihm jemand Bescheid gesagt? Und wer war es in diesem Fall, das Eidgenössische Departement für auswärtige Angelegenheiten oder das Bundesamt für Justiz? Aus eigener Erfahrung weiß ich, dass Politiker keine Skrupel haben, der Justiz mitzuteilen, was ihre Interessen sind.

Als die Affäre aufflog, die im Januar 1989 zum Rücktritt von Bundesrätin Elisabeth Kopp führte – ein Kollateralschaden der Untersuchung, die ich gegen die Brüder Magharian (wegen Geldwäscherei) eingeleitet hatte –, rief mich der Fraktionsvorsitzende der FDP in den eidgenössischen Räten, Ulrich Bremi, an und bat um Informationen. Er tat dies, wie man fairerweise sagen muss, auf eine freundliche Art und Weise, denn er wollte die Folgen abschätzen, die die Ermittlungen für die politischen Institutionen haben könnten.

Um auf die jüngere Vergangenheit zurückzukommen: Gerade als der Staatsanwalt seine Geschichte änderte und mir sagte, dass er keine Rechtshilfekommission wolle (mit anderen Worten, er wollte weiterhin zuschauen), rief mich einer der höchsten Beamten des Außenministeriums an: Er sagte mir, er habe den Bericht im RTS gesehen und fragte, was los sei. Und warum hat er nicht seinen Chef gefragt? Er behauptet, dass niemand im Ministerium von der Affäre weiß. Dass der Chef nichts wusste, kann ich, so wie ich ihn kenne, glauben. Aber dass niemand im Departement davon wusste, ist einfach falsch. Und wenn es nötig ist, gibt es Zeugen, wenige, aber absolut glaubwürdige. Es genügt zu sagen, dass der Leiter des Departments persönlich an der Entscheidung beteiligt war, den Sonderdienst der Armee zu meinem Schutz zu beauftragen. Eine Entscheidung, die so selten und außergewöhnlich ist, dass man sie gewiss nicht so leicht vergisst.

Andererseits: Ist es glaubwürdig oder auch nur vorstellbar, dass eine solche Affäre nicht zumindest ein

Nachdenken innerhalb des Ministeriums ausgelöst hat? Es gibt ernsthafte und konkrete Hinweise darauf, dass die Geheimdienste eines ausländischen Staates beabsichtigen, einen Schweizer Staatsbürger zu eliminieren, der Staatsrat und Ständerat war und in wichtigen internationalen Missionen unterwegs gewesen ist. Ein Fed-Pol-Beamter ist an der Schweizer Botschaft in Belgrad ansässig und weiß offensichtlich, was vor sich geht. Diese Beamten stehen in regelmäßigem Kontakt sowohl mit der Polizei als auch mit den örtlichen Geheimdiensten. Der Botschafter kann nicht unwissend sein. Ich bin (leider) in Serbien sehr bekannt und mein erstes Buch wurde auch ins Serbische übersetzt.

Ich konnte nicht anders, als selbst ein wenig zu recherchieren und meine gewöhnlich gut informierten Kontakte zu aktivieren: Es stellte sich heraus, dass es besonders enge Beziehungen zwischen unseren und den serbischen Geheimdiensten gibt. Was offiziell (natürlich!) geleugnet wird. Dennoch sind diese Informationen nicht uninteressant und geben Anlass zu einigen originellen Hypothesen, die eine weitere Untersuchung verdienen. Kurz gesagt, die Affäre hat, noch bevor sie strafrechtlich relevant ist, zwangsläufig eine politische und diplomatische Bedeutung. Wenn, wie der Chef des Departments behauptet, auf politischer Ebene nur der Schutz bekannt war und nicht die Tatsache, dass ein ausländischer Staat einen Politiker ermorden wollte, der nichts weiter als seine Pflicht getan hatte, dann kommt man aus dem Staunen nicht mehr heraus.

Und doch: In einem Interview mit RSI vom 10. April 2022 erklärt der Vorsteher des Eidgenössischen Departements für auswärtige Angelegenheiten, Ignazio Cassis: »Das Einzige, was ich weiß, ist, dass der ehemalige Ständerat Dick Marty seit einigen Monaten unter Schutz steht, eben weil er Drohungen erhalten hat. Alles andere liegt in den Händen der Bundespolizei, und mir sind keine weiteren Informationen bekannt.«

Ich erfahre zufällig, dass am 22. März 2021 – als ich seit vier Monaten mit meiner Frau Tag und Nacht mit bewaffneten Agenten im Haus zusammenlebte – ein Treffen zwischen unserem Botschafter in Belgrad und dem serbischen Innenminister Aleksandar Vulin stattfand. Laut Pressemitteilungen der serbischen und schweizerischen Behörden wurde die polizeiliche Zusammenarbeit unter anderem im Bereich der Bekämpfung der organisierten Kriminalität besprochen. Auch die Migration wurde erörtert, und in diesem Bereich scheint Europa, einschließlich der Schweiz, zu großen Zugeständnissen bereit zu sein: Die Länder, die in der Lage sind, die Migrationsströme einzudämmen, können erhebliche finanzielle Hilfen erhalten, unabhängig davon, ob dies eine Stärkung autokratischer und freiheitsfeindlicher Regime bedeutet (Türkei, Tunesien, Balkan). Es ist nicht bekannt, ob der Fall des ehemaligen Ständerats, der in der Schweiz bedroht und unter strengen Schutz gestellt wurde, erwähnt wurde oder nicht. Verschiedene konvergierende Elemente deuten auf die Beteiligung von in Serbien bekannten Vertretern serbischer Institutionen an dem kriminellen Komplott hin. Wenn nicht, wäre es interessant, die Gründe dafür zu erfahren. Vulin hatte schon damals enge Kontakte zum Geheimdienst (BIA), so sehr, dass er kurz darauf dessen Leitung übernahm.

In einer Fernsehsendung nach den Gründen für das Versäumnis der Schweiz gefragt, öffentlich auf die Affäre zu reagieren (was dem kriminellen Plan ein Ende bereitet hätte), antwortete der ehemalige Schweizer Botschafter im Kosovo: »Weil wir so sind.«[41] Lapidar und wortgewandt.

Nachtrag: Im Juli 2023 gab das US-Finanzministerium öffentlich bekannt, dass es Sanktionen gegen Aleksandar Vulin verhängt habe, der inzwischen Chef des serbischen Geheimdienstes geworden war. Ihm werden Korruption und Verbindungen zum organisierten Verbrechen und zum internationalen Drogenhandel vorgeworfen.[42] Jeder weitere Kommentar erübrigt sich.

Lasst uns also nicht um den heißen Brei herumreden: Jemand in dieser Geschichte lügt.

XI Hat es sich gelohnt?

»Mitten im tiefsten Winter wurde mir bewusst, dass in mir ein unbesiegbarer Sommer wohnt.«
Albert Camus, *Heimkehr nach Tipasa*

Ich denke oft an die ersten achtzehn Tage des Advents 2020. Leicht verschwommene Bilder à la David Hamilton, als ob ich mich in einer Blase befände: gedämpfte Geräusche, kahle Bäume wie schlanke Skulpturen, hier und da ein paar alte Kastanienbäume, majestätische Zeugen der Geschichte der letzten Jahrhunderte, die beiden schwarzen Hunde, Laska und Leik, die sich mit den Silhouetten der Bäume verschmelzen, und dann die erneute Lektüre von Albert Camus (dessen 60. Todestag in diesem Jahr begangen wurde). Jetzt weiß ich, dass ich nie wieder dieses Gefühl von Leichtigkeit und angenehmer Schwerelosigkeit wiederfinden werde.

Auch dieses Buch war nicht geplant. Wie bei den anderen Büchern bedeutet der Umstand, dass es geschrieben wurde: Es ist etwas passiert, das unvorhergesehene Erschütterung ausgelöst hat. Nach der allgemeinen vorübergehenden Amnesie, der langen und starren Zeit unter Begleitschutz und der nicht existierenden Untersuchung (Erfahrungen, die weitaus schockierender sind als die Todesdrohung), was wird sein?

Ich habe viele Schlachten geschlagen. Wenn eine endete, fing sofort eine neue an. Dies ist die letzte. Ich weiß, dass ich sie nicht gewinnen kann. Sie ähnelt der vorhergehenden, die ich »die Schlacht des hohen Schutzes« nenne. Sie begannen beide mit einem Telefonanruf (mein Leben scheint von unerwarteten Anrufen bestimmt zu sein): zwei Schläge in die Magengrube, der zweite viel brutaler als der erste. Ein Schlag, der einem den Atem raubt und plötzlich die Welt in anderen Farben erscheinen lässt. In beiden Fällen war es nicht ich, der die Strategie bestimmt hat, und ich besaß nicht die geeigneten Waffen, um die Bedrohung zu bewältigen, wie es bei allen anderen Schlachten, die ich geführt habe, der Fall war. Wie leicht war es, in strengste CIA-Geheimnisse einzudringen oder zu enthüllen, was die Mächtigen über den Balkankrieg verbergen wollten!

Das heißt aber nicht, dass ich wehrlos bin. Wie mich der Klingelton meines Handys immer daran erinnert: »Sifflez, compagnons, dans la nuit la liberté nous écoute«. Ich habe die Freiheit, zu widerstehen, nicht aufzugeben, diese Freiheit, welche die Gewissheit verleiht, dass man existiert.

Dieses Buch wurde in Eile geschrieben, getrieben von einer Dringlichkeit. Die Ideen kamen mir, wie immer, bei

Spaziergängen in den Wäldern, als wären es geflüsterte Hinweise der Bäume. Wieder einmal eine Art Selbsttherapie, eine Introspektion, eine erneute Lektüre der erlebten Ereignisse, ein Versuch, die Dynamik zu verstehen, die am Werk ist. Eiliges Schreiben hat Vorteile für den Autor, vielleicht; nicht für den Leser, nicht für die Konsistenz des Stils und der Struktur des Textes. Aber auch dies war eine Übung, eine Herausforderung an mich selbst.

Dieser ungestüme und unberechenbare Wildbach wird also niemals ein ruhig ins Meer hinfließender Fluss werden. Es steht mir nicht zu, eine Bilanz meines Lebens zu ziehen, und ich halte es auch gar nicht für notwendig. Wenn ich mir nur unsere acht Enkelkinder anschaue, dann kann ich sagen, wissend, dass alles andere nicht mehr zählt: Ja, »es hat sich gelohnt«.[43]

Anmerkungen

1 Diese und andere Untersuchungen wurden in meinem letzten Buch *Une certaine idée de la justice* (Favre, Lausanne 2018) beschrieben.

2 Schweizerischer Presserat, Entscheid 42/2020 (https://presserat.ch/complaints/42_2020).

3 In der klandestinen Zeitung *Les Petites Ailes* vom Juli 1941 kann man einen bemerkenswerten Text lesen: einen Appell, gerichtet an »Aux mous, aux tièdes, aux ignorants« (an die Schwachen, die Schlaffen, die Unwissenden), der an die Schrecken des Nationalsozialismus und der Besatzung Frankreichs erinnert und die Franzosen auffordert, aufzuwachen und sich aktiv an der Résistance zu beteiligen.

4 Zu diesem Thema siehe Pierre Péan, *Une jeunesse française: François Mitterrand* (1934–1947), Éditions Fayard, 1994, und die France 2-Dokumentation *Mitterrand à Vichy*, unter der Regie von Serge Moati, die im April 2008 ausgestrahlt wurde.

5 In: Alain Peyrefitte, *C'était de Gaulle*, Gallimard, Paris 2000.

6 Carla Del Ponte, Chuck Sudetic: *Im Namen der Anklage. Meine Jagd auf Kriegsverbrecher und die Suche nach Gerechtigkeit*, Fischer, Frankfurt am Main 2010.

7 Siehe das Interview mit dem Gerichtsmediziner in *Le Temps* vom 17. Dezember 2010.

8 Siehe den Text der Entschließung und den Bericht: pace.coe.int/fr/files/12608 (französisch oder englisch).

9 Vereinte Nationen, Europäische Union, NATO, Vereinigte Staaten, unter Beteiligung von Militärkontingenten und finanzieller Unterstützung auch aus Kanada, der Türkei und der Schweiz.

10 Die beiden Berichte sind in Buchform veröffentlicht worden: *La CIA au-dessus des lois? Détentions secrètes et transferts illégaux de détenus en Europe*, Europarat, 2008 (auch auf Englisch verfügbar).

11 *The Official Senate Report on CIA Torture: Committee Study of the Central Intelligence Agency's Detention and Interrogation Program*, Skyhorse, 2015.

12 Dazu kann man den ausführlichen Bericht der *Basler Zeitung* vom 25. Januar 2023 lesen, »Er sitzt seit 19 Jahren unschuldig.«

13 Liliana Segre: *Il mare nero dell'indifferenza* (Das schwarze Meer der Gleichgültigkeit), hg. von Giuseppe Civati, People, Busto Arsizio 2019.

14 Die am 1. Mai 1924 vorgelegte und verteidigte Dissertation *La vie et l'oeuvre de Philippe Ignace Semmelweis* wurde vom Verlag Denoël et Steele und später in der renommierten Reihe NRF von Gallimard veröffentlicht.

15 *L'Action française*, 6. Oktober 1920 (Organ der gleichnamigen rechtsextremen, ultranationalistischen und monarchistischen Gruppierung, die 1898 gegründet worden war).

16 Siehe *Remarks by National Security Advisor Jake Sullivan on Renewing American Economic Leadership at the Brookings Institution*, 27. April 2023, www.whitehouse.gov.

17 In Luciano Canfora, *La democrazia dei signori*, Laterza, Bari 2022.

18 Es handelt sich um Artikel 49.3 der französischen Verfassung, der es dem Premierminister erlaubt, ein Gesetz ohne Debatte zu verabschieden, indem er an die Verantwortung der Regierung appelliert, das heißt indem er die Abgeordneten in die Zwickmühle bringt, ob sie die Regierung stürzen und somit eine Krise auslösen sollen oder nicht.

19 Mein letzter Bericht an den Europarat betrifft genau den Missbrauch des Staatsgeheimnisses: *Les recours abusifs au secret d'État et à la sécurité nationale: obstacles au contrôle parlementaire et judiciaire des violations des droits de l'homme* vom 6. Oktober 2011. Als Epigraf zu meinem Text hatte ich ein Zitat von Hannah Arendt gewählt: »Real power begins where secrecy begins« (aus: *The Origins of Totalitarianism, dt.: Elemente und Ursprünge totaler Herrschaft*, 1951)

20 Jonathan Swift, *Die Kunst der politischen Lüge*, 1710.

21 Hannah Arendt, »Lying in Politics: Reflections on The Pentagon Papers«, auf Englisch veröffentlicht 1972 in der *New York Review of Books*.

22 Danilo Zolo, *I signori della pace. Una critica del globalismo giuridico*, Carocci, Rom 1998, und Danilo Zolo, *La giustizia dei vincitori. Da Norimberga a Baghdad*, Laterza, Bari 2006.

23 Zu den Unwahrheiten, die immer noch über die angeblich bewundernswerten Werke des faschistischen Regimes kursieren, siehe die dokumentierte Analyse von Francesco Filippi, *Mussolini ha fatto anche cose buone. Le idiozie che continuano a circolare sul fascismo*, Bollati Boringhieri, Turin 2019.

24 Aldo Cazzullo, *Mussolini il capobanda. Perché dovremmo vergognarci del fascismo*, Mondadori, Mailand 2022.

25 Zitiert in *Swissinfo* vom 22. März 2023 (www.swissinfo.ch/ger/wirtschaft/wie-das-schweizer-trio-die-ubs-zur-rettung-der-credit-suisse-zwang/48380044) und in zahlreichen weiteren Schweizer und internationalen Medien.

26 Jason Brennan, *Gegen Demokratie: Warum wir die Politik nicht den Unvernünftigen überlassen dürfen*, Ullstein, Berlin 2017.

27 Francesco Pallante, *Contro la democrazia diretta*, Einaudi, 2020.

28 Siehe Artikel 139, Absatz 3 der Bundesverfassung.

29 *La costituzione italiana*, Garzanti, Mailand 2018.

30 Alejandra Rodríguez Sánchez, Julian Wucherpfennig, Ramona Rischke und Stefano Maria Iacus, »Search-and-rescue in the Central Mediterranean Route does not induce migration: Predictive modelling to answer causal queries in migration research«, *Scientific Reports*, 2023.

31 Der Bericht der von dem Historiker Jean-François Bergier geleiteten Kommission ist wirklich lesenswert, auch wenn er angesichts des Umfangs (25 Bände plus Schlussbericht mit rund 12 000 Seiten) keine leichte Lektüre ist. Das Buch des Journalisten und Historikers Pietro Boschetti, *Les Suisses et les nazis: le rapport Bergier pour tous* (Edition Zoe, Genf 2004) ist eine kurze, populärwissenschaftliche Version des Bergier-Berichts (auch auf Italienisch erhältlich, nicht jedoch auf Deutsch).

32 Siehe auch die interessante und beunruhigende Studie von zwei Forschern des Quincy Institute for Responsible Statecraft: William D. Hartung und Ben Freeman, *The Twenty-First Century of (Profitable) War*, https://scheerpost.com/2023/05/04/the-twenty-first-century-of-profitable-war/
Zum Anstieg der Rüstungsausgaben durch die derzeitige US-Regierung siehe William Hartung, »More Money, Less Security: Pentagon Spending and Strategy in the Biden Administration«, *Quincy Paper*, Nr. 12, 8. Juni 2023.

33 Abschiedsrede vom 13. Dezember 1999, in: Joseph Jung (Hg.): *Im weltweiten Einsatz für Humanität: Cornelio Sommaruga, Präsident des IKRK 1987–1999. Reden und Vorträge*, Geleitwort von Dick Marty, Verlag Neue Zürcher Zeitung, Zürich 2016.

34 Andrea Ghiringhelli, »Il tradimento dello Stato di diritto«, *La Regione*, 12. Mai 2023.

35 Zu diesem Thema kann man das gut dokumentierte Buch von Yascha Mounk lesen, *Der Zerfall der Demokratie. Wie der Populismus den Rechtsstaat bedroht*, Droemer, München 2018.

36 Der Fall wurde von der Sendung »Patti chiari« des Schweizer Radios und Fernsehens RSI in den Folgen von 3. Mai 2019 und 26. Mai 2023 behandelt.

37 Der Fall wird in meinem Buch *Sous haute protection*, Éditions Favre, Lausanne 2023, ausführlich beschrieben.

38 Dazu mehr in *Une certaine idée de la justice*, Éditions Favre, Lausanne 2018.

39 Siehe seine Autobiografie: *Inside the Muslim Brotherhood. The Authorised Biography of Youssef Nada*, mit Douglas Thompson, hg. von John Blake, Metro Books, London 2012.

40 David D. Kirkpatrick, »The Dirty Secrets of a Smear Campaign«, *The New Yorker*, 27. März 2023.

41 RTS, *Géopolitis*, 25. Juni 2023.

42 Mitteilung des US-Finanzministeriums, 11. Juli 2023, home.treasury.gov/news/press-releases/jy1606.

43 Dies ist der Titel des Buches meines Freundes Armando Spataro, eines Richters, der viele wertvolle Kämpfe für die Gerechtigkeit ausgefochten hat: *Ne valeva la pena. Storie di terrorismi e mafie, di segreti di Stato e di giustizia offesa*, Laterza, Bari 2010.